IYENGAR YOGASHALA
艾扬格瑜伽学院

艾扬格瑜伽学院教材系列

辅具瑜伽习练指南Ⅱ

——坐立体式/前伸展体式

A COMPLETE GUIDE
TO YOGA PRACTICE
WITH PROPS Ⅱ:
SITTING ĀSANAS
AND FORWARD EXTENSIONS

[以] 埃亚勒·希弗罗尼（Eyal Shifroni）◎ 著
蔡孟梅◎ 译　　戴迎新◎ 审

大连理工大学出版社
Dalian University of Technology Press

图书在版编目（CIP）数据

辅具瑜伽习练指南 . Ⅱ，坐立体式、前伸展体式 /（以）埃亚勒 · 希弗罗尼著；蔡孟梅译 . -- 大连：大连理工大学出版社，2020.11（2021.7 重印）
ISBN 978-7-5685-2680-7

Ⅰ . ①辅… Ⅱ . ①埃… ②蔡… Ⅲ . ①瑜伽－基本知识 Ⅳ . ① R793.51

中国版本图书馆 CIP 数据核字 (2020) 第 168788 号

出品：广州龙象文化传播有限公司
辅具瑜伽习练指南 Ⅱ：坐立体式、前伸展体式
FUJU YUJIA XILIAN ZHINAN Ⅱ：ZUOLI TISHI，QIANSHENZHAN TISHI

大连理工大学出版社出版
地址：大连市软件园路 80 号　邮政编码：116023
发行：0411-84708842　邮购：0411-84708943　传真：0411-84701466
E-mail：dutp@dutp.cn　URL：http：//dutp.dlut.edu.cn
辽宁星海彩色印刷有限公司印刷　大连理工大学出版社发行

幅面尺寸：185mm × 260mm　印张：19.25　字数：518 千字
2020 年 11 月第 1 版　2021 年 7 月第 2 次印刷

项目统筹：刘新彦　责任编辑：邵 婉 王 元
责任校对：朱诗宇　封面设计：QING奇景创意

ISBN 978-7-5685-2680-7　定 价：108.00 元

本书如有印装质量问题，请与我社发行部联系更换。

中文版序

我非常高兴有关艾扬格瑜伽的*Props for Yoga*系列图书已经被翻译成中文，即将与读者见面了！这个项目的完成，要感谢大连理工大学出版社的编辑团队强力的推进，以及辛勤的努力和付出。

我很高兴瑜伽在中国受到越来越多的人们的喜爱。世界上说汉语的人太多了！在过去几年里，我很幸运地在中国开设了艾扬格瑜伽工作坊，学员们真诚和投入的学习态度给我留下了深刻的印象。

我发现在中国，人们对瑜伽有着极大的热情，对这一古老的传统可谓求知心切。

近年来，艾扬格瑜伽在中国日益流行，艾扬格大师的一些书已经被翻译成中文，拥有众多的读者。我希望本系列图书能帮助大家培养对艾扬格瑜伽的兴趣，更好地、更深入地学习、理解艾扬格瑜伽。

瑜伽属于全人类，它不应局限于某一国家或地区，也不应受到语言的限制。艾扬格大师一贯认为瑜伽是全人类的财富，每个人都可由此获益，无论年龄、健康或生活状况如何，都可以享受瑜伽的馈赠！

艾扬格大师的孙女阿比雅塔·艾扬格（Abhijata Iyengar）说道："一种辅具就像我们的一位朋友，总有精彩的展示……辅具可以给我们自由。"辅具对瑜伽练习者来说的确是非常好的朋友。它们是艾扬格瑜伽的重要组成部分，有了它们的帮助，每个人都可以练习瑜伽，而不再受年龄、健康状况的局限。辅具也是"自我学习的指南"，正如艾扬格大师所说，它们可以使我们深入地探索体式，使练习更加有趣，并使人心情愉悦。有了辅具的帮助，我们可以安全地尝试高难度的体式，也可以在体式中停留更长时间，品味体式给予我们的甘露，呼吸似乎可以渗透到身体的每个部位，把赋予生命的能量带到每一个细胞。

我相信，本系列图书定会帮助你改善练习，借由瑜伽找到内在的快乐和安宁！

最后，希望我即将出版的图书也能很快与中国的朋友们见面！

2020 年 6 月

致谢

本书呈现的所有知识的源泉都是我的上师，艾扬格瑜伽方法的奠基者、瑜伽大师 B.K.S. 艾扬格先生。在瑜伽练习中运用辅具由艾扬格大师创始。他发明了各种辅具，并在经年累月中加以不断改进，这使瑜伽的练习更加丰富，使每个人都能从瑜伽的馈赠中受益。艾扬格大师离开我们已经一年多了。但是，每一天，当我回到瑜伽垫上时，都会以深深的感恩和爱意想起他，从心底感谢他给予我们如此珍贵的礼物——瑜伽。练习时，感觉他依然活在我的心里，他的声音仍然在我的脑海中回荡，呼唤我精进练习，更加细心地、完完全全地深入每个体式的核心。我感到，只要我们按照他的教导继续认真练习，他就始终活在我们心里。在此我诚挚地表达对大师的最深切的钦佩和感激。不仅因为他是我的老师，同时也因为他使世界各地无数的人们能进入瑜伽。

感谢普尚·艾扬格和吉塔·艾扬格在 RIMYI 瑜伽学院对我的指导和鼓励。

我非常有幸遇到了很多富有激情的老师，他们将自己渊博的学识与我分享，让瑜伽的练习，特别是辅具的应用，散发着光芒。在这里我无法一一列出他们的名字，在此谨表达对他们所有人的无尽的感激，尽己所能将所有这些天赋异禀的老师们传授给我的丰富知识传递给读者们。但要说明一点，如有任何错误，都是我的责任，与我的老师们无关。

本书的构思要归功于我的朋友和同事 Michael Sela，他帮助我出主意，制定整体结构，反复斟酌全书内容，使之更加清晰、流畅。在此我深深地感谢他。

感谢来自德克萨斯州休斯顿的 Alcove 瑜伽的 Pauline Schloesser 博士，她给出了许多重要的意见和建议，并且为文字表述得更简洁、明白做了很多工作。

感谢 Zichron-Ya'akov 艾扬格瑜伽中心的所有老师们，他们提供了很多建议和反馈，特别感谢 Ravit Moar、Anat Rachmel、Eleanor Jacobovitz，他们是本书插图的模特，为此花费了大量时间。作为瑜伽老师，他们的贡献远远超过了模特本身，他们提供的诸多颇具深度的意见，提升了本书的品位。

感谢我的学生们。他们在课堂上和工作坊中进行了很多新的尝试，帮助实验、改善辅具的应用。他们的实践和积极的反馈，激励我完成本书。

最后，但同样重要的是，感谢我的妻子 Hagit。她一直以来的爱和支持使本书（以及很多其他事）得以成就。

埃亚勒·希弗罗尼

2015 年 9 月

介 绍

古代圣贤们将瑜伽以认识和转化灵性的方式而广泛传播，并代代相传到了我们手中。帕坦伽利的《瑜伽经》（*Yoga Sutras of Patanjali*）、《薄伽梵歌》（*The Bhagavad Gita*）、《湿婆本集》（*The Shiva Samhita*）等文献对瑜伽的本质、瑜伽士的修炼及其行为等给出了阐述。后人对这些经典文献给予了很多解读，其中包括我的老师，瑜伽大师 B.K.S. 艾扬格，也有相关著述。

瑜伽不是单纯的理论，它是一门实践哲学，也是一段探索的旅程，伴随着意图、行动、感知与奉献。只有将经典注入我们自身的生活中，才能揭示出它们蕴含的全部含义和意义。艾扬格大师的伟大贡献在于他明确给出了体式和调息练习的方法，并使练习者由此在自省、有觉知的练习中探寻自身的奥秘。

体式不仅仅是对身体的锻炼，也引导我们对身与心进行探寻，使我们了解自身的局限、习性和潜力。艾扬格大师将体式练习发展到了艺术与科学的层面。他在《瑜伽之树》（*The Tree of Yoga*）中写道：

> “圣雄甘地并没有练习瑜伽的八支。他只遵从了瑜伽的两个原则：非暴力；真实。然而，通过这两个原则，他主宰了自己的本性，并为印度赢得了独立。如果持戒（*yama*）部分原则就能使甘地如此伟大、纯洁、诚实和神圣，那么是否可以通过修习瑜伽的另一支——体式，达到精神的最高境界呢？或许很多人认为体式只是身体的练习，如果不了解体式的深度就这样说，那你早已错过了瑜伽的恩典。”

在《瑜伽之树》中，他给出了如何通过深入研习瑜伽八支（*Ashtanga Yoga*）中的第三支（体式）和第四支（调息）来体验所有八支。当然，将体式作为一种锻炼身体的方式也可以，它能保持练习者身体的柔韧、健康和轻盈。但是，如果在练习中不同时观察和了解你的心意（*mind*），则会错失发展智性和提升觉知的机会。这里的“智性”不仅仅指一个人的智商水平，而是有关一个人对于自我和周围环境无偏见的觉察能力，根据个人的价值观做出善行以及对真理的感知能力。

通过艾扬格大师的教授再来看体式练习，我们可以理解辅具的重要性。正是这些他发明的种类繁多的辅具，使各年龄段、各种健康状况的人们都能享受到瑜伽的馈赠。实际上，正是由于辅具的引入，以及艾扬格大师详细的指导和对经典文献的深入阐释，使得更多人能够实现他的愿景——“瑜伽属于所有人”。

关于运用辅具

为什么在练习和教学中使用辅具？艾扬格大师是这样说的：

“我曾一门心思地尝试以各种方式提高并完善我自己的练习。我曾用路上捡来的石头和砖作为‘支撑’和‘负重’在体式的掌握中取得进展……

辅具帮助我们轻松地完成体式……使用辅具，当大脑处于被动状态时，学生们可以更快地理解和学会体式，体会身心的敏感。辅具是自我学习的向导，它们的帮助是准确的、无误的。”（《瑜伽大师 B.K.S. 艾扬格光辉 70 年》）

克里斯蒂安·皮萨诺（Christian Pisano）补充道：

“辅具使我们能揭示体式的全部，学习那些如果没有辅具的帮助可能很难练习的体式，理解体式正确的动作和对其的态度。它们还能让我们在体式中保持更长时间，从而更加深入地进到身体中尚未探索的区域。”（《勇者的沉思》，*The Hero's Contemplation*）

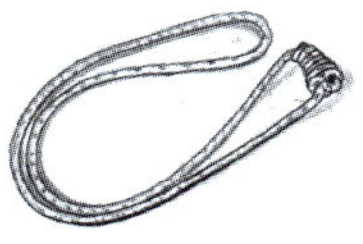

辅具的使用是艾扬格瑜伽的一个重要特征，但我们不应将辅具与艾扬格瑜伽的本质相混淆。辅具只是达到目的的方法，如在体式中的正位、稳定、精准和持久。

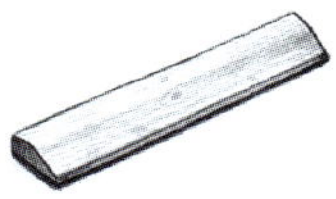

这里所涵盖的辅具的使用目的是练习时将觉知引至体式的不同方面、不同部位，从而深入并提高对体式的理解。同时，练习者也要留意不要对辅具过分依赖，而是要理性地运用辅具，探寻一种成熟的、充满觉知的体式练习。

关于这一点，艾扬格大师说道：

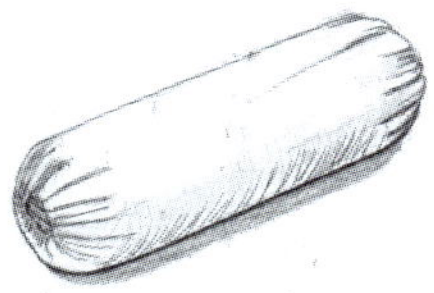

“现在，讲讲使用辅具的优缺点。反对使用辅具的批评之一是人们会变得依赖辅具，缺乏尝试独立完成体式的愿望。这是辅具的错吗？当然不是！辅具的帮助是用来体会体式的。我从来没有说过应该无期限地使用它们。辅具给了习练者方向感。有了方向感后，我希望我的学生迟早都能独立地完成体式……使用辅具的目的是给我们方向感、正位和了解体式。”

根本上，身体与心意也是辅具，是外在的辅具，来帮助“观者安住于自己真正光辉”（帕坦伽利的《瑜伽经》，1.3），或者如皮萨诺所说：

“……辅具可被看作外在的组织，它以纯粹主观的方式指出了体式的本质所在。因此，在使用外在辅具和将身体本身作为辅具之间总会产生一些相互影响。究其根本，身心本身也仅仅是一个外在的辅具。”（《勇者的沉思》，*The Hero's Contemplation*）

总之，使用辅具，使得我们所有人，无论有什么样的身体限制，都有可能提升瑜伽的自我研习（*Sadhana*）。适当地使用辅具，可以：

• 完成很难独立完成的体式；

• 在练习中达到并保持准确的正位；

• 在具有挑战性的体式中保持更长时间，更放松；

• 从更深的层面上学习、探索体式；

• 即使生病、受伤或者有慢性病症状，依然可以继续练习，并改善自身状况。

关于本书

本书是我数十年瑜伽修炼的成果。在数十年不断地练习和学习中，我每天都有新的感受、新的观察和新的领悟。本书来自我在自己的工作室、在 RIMYI 瑜伽学院期间，跟随艾扬格大师、吉塔·艾扬格和普尚·艾扬格老师学习时持续不断的练习和探索；来自我在以色列以及世界各地参与和举办的不计其数的工作坊中；最后，但同样重要的是，它来自以色列我自己的艾扬格瑜伽中心和其他老师及学生们的日常工作中。

通常，在准备一堂课或者一个工作坊时，我会思索新的方法来突出强调使用辅具进行体式练习的原理。相信我的很多同行也有类似的需求。本书是为满足此需求的一种尝试。

艾扬格大师所著《瑜伽之光》（*Light on Yoga*）一书奠定了“艾扬格方法”的坚实基础，至今已经成为不可多得的经典之作。之后出版的很多书对其进行了多种阐释。这些著作中最有影响的是艾扬格大师撰写的《瑜伽：整体健康之路》（*Yoga，the Path to Holistic Health*）。吉塔·艾扬格的著作《女性的珍宝》（*A Gem for Women*）和《艾扬格瑜伽教程（入门篇、中级篇）》（*Yoga in Action，Preliminary and Intermediate*－Ⅰ）对艾扬格瑜伽体系做了很重要的补充。其他的著作，如 Silva、Mira 和 Shyam Mehta 所著的《瑜伽：艾扬格方法》（*Yoga，the Iyengar Way*）则对艾扬格瑜伽做了进一步介绍。这些著作主要是介绍辅具的基本使用方法，还有的是特别针对瑜伽理疗的，其读者对象大多是普通瑜伽练习者。本书的主要读者对象则是瑜伽老师和有经验的练习者。本书更全面、深入地介绍和探索了使用辅具进行瑜伽练习的方法。其中，有些方法可能是广为人知的，也有许多尚未出版的、富有创造性的新方法。

我的第一本书《椅子瑜伽习练指南》着重介绍了使用单一的辅具——椅子——练习很多不同的体式。与之相反，“辅具瑜伽习练指南”系列图书则是介绍使用各种不同的辅具练习一类（或者两类）体式。我有意识地在书中只使用了简单的、常见的辅具，例如，瑜伽砖、瑜伽带、瑜伽毯、墙面、瑜伽抱枕和瑜伽绳等。

“辅具瑜伽习练指南”系列图书共包括三册：第一册介绍站立体式；第二册介绍坐立体式和前伸展体式；第三册介绍倒立体式。每册中都给出了若干个练习序列，这些序列各具特色，练习者可以根据具体情况选择。

◎ 体式练习可以作用于很多层面。书中介绍的大部分是可见的、易于理解的层面，即“食物鞘”或“肉身层”（*anamayakośa*，由皮肤、骨骼和肌肉组成，简单地说，就是解剖学意义的身体）。但是体式对于更内在的层面也有深刻影响，包括能量层（*pranamayakośa*）和感官层（*monomayakośa*）。本书是实践指导，主要涉及练习方法，但这并不意味着练习对更深层面的影响不太重要。我们将这些内在的影响留给读者，有待你们自己继续探寻其真谛，体验其奥妙。

本书的结构

每章开始有一个总体介绍，然后介绍一些具有代表性的体式。每个体式都给出了多个变体。针对每个变体的介绍，主要包括如下项目：

项 目	内 容	示 例
1	辅具	辅 具
2	简短介绍	
3	练习此变体的特殊效果	**功效**
4	逐步指导	→（动作开始） >（其他动作）
5	特殊观察点	☼
6	注意点	◎
7	警示	⚠
8	本方法适用的其他体式	**适用**

其中，项目 1 为本体式需要使用的主要“辅具”，在此处介绍的瑜伽垫主要是指需要另行准备的瑜伽垫，对于体式中需要铺于地面的瑜伽垫并未做特殊说明。项目 2 为“简短介绍”，简要介绍每个体式的内容。项目 3 为“练习此变体的特殊效果”，解释了练习某一变体的特殊效果。它告诉我们以某种给定的方式使用辅具时我们能学到什么，或者辅具如何帮助我们避免某些常见的正位错误。项目 4 为“逐步指导”，有很多插图，给出了完成变体的身体各部位的位置和辅具的使用方法等信息。项目 5 为“特殊观察点”，提供了关于身体动作及心理活动的一些提示，为了在保持体式时获得理想效果，这些要点都应该做到。项目 6 为提醒练习者的某一或某些“注意点”。项目 7 为给练习者的一些“警示”，务必留意！项目 8 为“本方法适用的其他体式”。

如何运用本书

阅读本书时，要牢记：

• 运用本书练习不能替代跟随艾扬格瑜伽认证教师的学习。对于艾扬格瑜伽的细微之处，运用文字难以完全描述。因此，本书的确能帮助你学习、探索体式，但也请记住，在你做体式时，书无法观察你，也不能随时纠正你在体式中的错误。

• 进行比较和分析：对某一体式进行多次练习，运用辅具练习一次，脱离辅具再练习一次。观察运用辅具练习时的感觉，然后尝试在脱离辅具练习时去重塑先前的感觉。不要习惯性地运用辅具，而是以有创意的、新颖的方式来运用；琢磨、比较不同的感受来增进你对体式的理解。不要形成对辅具的依赖，而是有意识、有觉知地运用它们。

• 运用辅具的方式可能是无穷无尽的，所以运用你的想象力和创造力去寻找新方法吧！

另外，还要注意以下几点：

1. 为了简单明了，每个变体我们只介绍了一种辅具的使用，或者只是一种特定的练习方式。你可以将某些变体组合起来练习，或者形成一个序列来练习。为了避免造成困惑，我们没有具体介绍组合的方法或序列，但你自己可以去大胆尝试。

2. 利用索引和目录能快捷地找到书中的相关内容。

3. 与搭档一起练习时，建议大家尽可能找同性别的，体重、身高、柔韧性等相当的伙伴。在帮助他人时务必小心、谨慎、考虑周到。

4. 有些变体引用了《瑜伽之光》（*Light on Yoga*）一书的体式图。书中会给出插图的序号。例如，“《瑜伽之光》，图100”。

5. 书中仅给出了有限的运用辅具的示例，尤其是关于瑜伽椅的使用方法的示例数量更少。如需了解艾扬格瑜伽练习中瑜伽椅的详细使用方法，请参阅《椅子瑜伽习练指南》。

警 告

本书读者必须具有扎实的瑜伽练习基础，最好曾经有规律地参加过艾扬格瑜伽认证教师所授课程。

本书的某些变体属于高级体式，一定要在有资格的教师的指导和监督下才能尝试。

由于使用本书不当造成的任何伤害或损失，作者概不负责。

享受你的练习吧！

如有任何意见和建议……我很乐意听到。

不要犹豫，请写邮件给我：eyal@theiyengaryoga.com。

目　录

坐立体式
(*Upaviṣṭa Sthiti*)

前伸展体式
(*Paśchima Pratana Sthiti*)

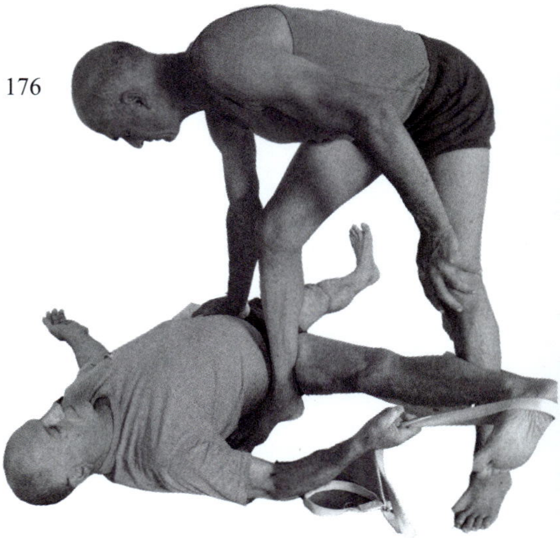

附　录 / 271

主要梵文体式索引 / 286

坐立体式

Upaviṣṭa Sthiti

> “在洁净之地，稳固地安置自己的座位。座位既不要太高，也不要太低，逐层铺上草、鹿皮和布。”
>
> “保持身体、头部和颈部垂直向上，安稳不动地坐好，双眼和意识专注鼻尖，不要环顾。”（《薄伽梵歌》，6.11~14）

这是《薄伽梵歌》中著名的经文，它描述了瑜伽士应当如何坐立。坐立是瑜伽练习的基础，我们坐着冥想，坐着进行调息（*Pranayama*）练习，在每节课开始时我们坐着唱诵*om*，在精神上为接下来的练习和学习做准备。坐立体式使得我们能够在长时间的静坐中保持稳定、平衡和对称。它们有助于发展正确的正位、伸展和打开，以及专注和觉知。

梵文中*āsana*一词词根的意思是“坐”，所以从某种意义上来说，我们应该在练习其他体式时（如站立、前伸展、后伸展和扭转等），均保持与坐立中同样的特征——稳定、舒适和平衡。

坐下就好像回家，回归于我们自己；当我们得体地坐下时，不仅是身体坐下来，我们的心灵也随着身体坐了下来。当我们的重心更接近大地母亲时，我们变得稳定和安静。在这种放松和中立的状态中，我们可以去观察自己，直面我们的急躁、无聊、不安、激动等。我们还可以跟随自己的呼吸并单纯地享受“此时此地”，品味着这份存在于当下的馈赠。

在《勇者的沉思》一书中，皮萨诺写道：

> “运动器官（手臂和腿）是为了保证生存而塑造。在坐立体式中，双腿以不同的方式被安放，学习变得安静，以及从防御、攻击或逃跑相关的欲望中解放出来。”

这个引述对其他的运动器官（语言、排泄和生殖器官）也同样适用，它们也都在坐立中变得安静。

三个隔膜

在坐立体式中恰当的正位意味着如果我们在头顶放下一个想象的铅锤，它将从头顶垂直向下穿过胸部和会阴的中心。在任何坐立体式当中我们都应该去感知三个隔膜的位置：骨盆隔膜（或者骨盆底）、胸腔（或者呼吸）隔膜和颈（或者声）隔膜（在解剖学上被视为是胸腔入口）。这些隔膜形成了三个主要空间，或者说身体内腔的基底，它们是：腹部、胸部和喉部。胸腔隔膜（通常只叫“隔膜”）将包含了心脏、肺脏的胸腔与腹腔分隔开，并在呼吸中发挥着重要的功能。颈隔膜将胸腔和颈部区域分隔开，它运用声带在声音的制造中发挥着重要的功能。在所有的坐立体式中这三个隔膜应在同一个垂直平面上相互对齐，并且保持柔软、开阔和放松。我们应该以扩展这三个内腔的方式坐立。在艾扬格瑜伽中运用的各类辅具就是为了帮助我们达成这个目标。

为了确保左右两侧的正位，我们应均衡地坐在两侧坐骨（坐骨结节）上，并从骨盆两侧向上到腋窝均衡地伸展身体两侧。为了确保前后两侧的正位，我们应坐在坐骨突出处并上提骶骨和耻骨，保持它们垂直并且彼此平行。

良好的基底可使腹部和肺部拉长、拓宽并且变得柔软。胸腔隔膜能够自由运动，使呼吸变得顺畅而有节奏。正确的坐立体式将带来一种对称、稳定、和谐、宁静之感。

正确的坐立体式需要腿部关节（踝关节、膝关节和髋关节）的柔韧性，以及脊柱的强壮和稳定。当这些部位僵紧，脊柱则很难上提。腘绳肌较短与腹股沟后侧僵硬的人们会发现正确地坐在地面上是不可能的。这些人需要坐在一个高一点的支撑物上才能够坐直。如果你坐在坐骨后侧，并且无法从骶骨处上提脊柱，此时就需要抬高你的坐垫。

对很多人来说，能在坐立体式中获得舒适感比站立体式更具有挑战。站立时我们可以用双脚和双腿来摆正骨盆区域，并从骨盆底上提躯干。但是，当我们坐立时，双腿不能以同样的方式去做。为了伸展和稳定脊柱，我们所需做的动作将更为精微和复杂。我们需要激活躯干更深层的肌肉。随着我们的练习日渐成熟，这些肌肉将会得到发展。当然，即便是初学者也能坐几分钟，假以时日，随着柔韧性、稳定性和力量得到改善，我们便可在坐立体式中保持更长的时间。

手杖式

（*Daṇḍāsana*）

手杖式是坐立体式和前伸展体式的基础，其作用好比山式（*Tāḍāsana*）对于站立体式。此体式简单、对称，练习者可以从中很好地学习如何伸展、激活双腿，上提躯干，打开胸腔。

我们应该总是坐在坐骨尖上。如果坐在坐骨前端，腰椎容易过度前移，加大脊柱的前移；如果坐在坐骨后端（就像很多初学者那样），腰椎则会过度后移，脊椎无法得到上提。

⚠ 如果你习惯性下塌脊柱，或者患有严重哮喘，请靠墙支撑脊柱（参见手杖式变体7图4）

变体1

避免拱背：坐在抬高的平面上

辅　具

1条瑜伽毯
1块瑜伽砖
1个瑜伽抱枕或1把瑜伽椅
2块额外的瑜伽砖（可选）
墙绳（可选）
1张瑜伽垫（可选）

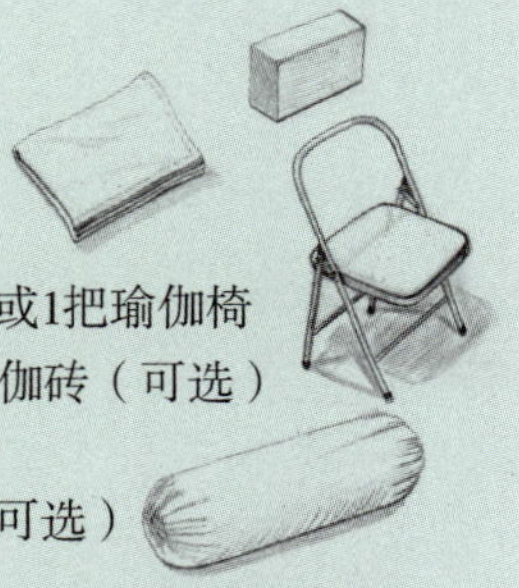

功效　抬高臀部可以缓解腘绳肌的紧张，使下背部更易保持直立。脊柱伸展，可为腹腔和胸腔创造空间。

不同类型的臀下支撑物可以带来不同的效果。例如，瑜伽抱枕是柔软的，臀部会微微下陷，从而获得些许侧向的支撑。瑜伽砖较硬，坐骨不会下陷，脊柱更易垂直向上伸展；另外，还能确切地感觉到骨骼接触座位的部位。练习者可根据所需高度以及想要达到的功效选择辅具。辅具的使用完全可以自由搭配，练习者可以尝试并找到一种适当的支撑方式，将脊柱从底端开始更好地上提。切记，骶骨和耻骨都应上提，并保持与地面垂直。

这里给出两个支撑范例，分别用 1 块瑜伽砖（图 1）和 1 把瑜伽椅（图 2）做支撑。

☼ 如果双手不能舒服地够到地面，则可将手掌放在瑜伽砖上。（图3）

☼ 学习将身体的重量均匀地分配在两侧坐骨上：哪一侧臀部感觉更轻，则将重心向这一侧移一点，重量向下释放得多一点，直到两侧均衡。

☼ 身体重量在两侧均衡分配后，意识关注下腹部的感觉。

☼ 可以利用墙绳，更好地向上伸展脊柱，打开胸腔。（图4）

瑜伽砖坚硬的表面使坐骨产生敏锐的感觉。瑜伽椅则提供了更稳定的坐立高度，有助于缓解腿部后侧的僵紧或者由于下背部挤压导致的背部疼痛。

拉墙绳有助于脊柱的伸展，身体僵硬和下背部疼痛者可以尝试。

为了防止坐在瑜伽椅上时产生滑动：可将防滑瑜伽垫铺在瑜伽椅座上，并将瑜伽椅放在防滑瑜伽垫上（图中未示出），双脚抵墙。

图1　瑜伽砖支撑的手杖式

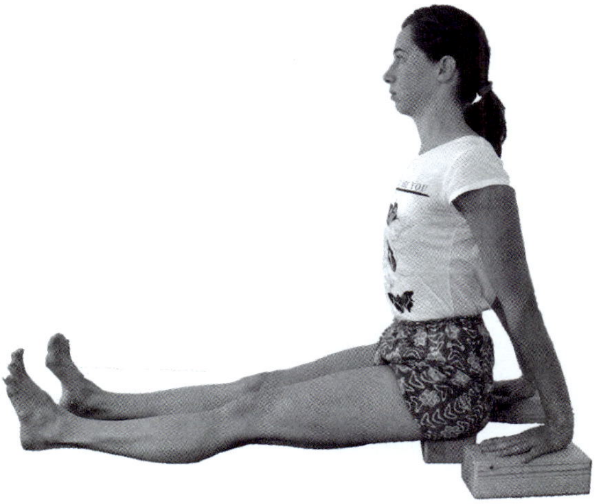

图3　手掌支撑的手杖式

图2　瑜伽椅支撑的手杖式

图4　双手拉墙绳的手杖式

变体2

上背部内凹：握住瑜伽带

辅　具

1根瑜伽带

功效　双腿伸展，与瑜伽带的拉力形成拮抗，这将使双腿更有活力。双手握住瑜伽带向身体方向拉有助于肩胛骨收向胸腔，上背部内凹，打开胸腔。

→ 将 1 根瑜伽带套住双脚脚跟，双手握住两端。

› 双手拉紧瑜伽带，打开胸腔，并将两肩胛骨之间的区域推向胸腔，上背部（胸椎段）内凹。（图 1）

图1　双手拉紧瑜伽带的手杖式

变体3

双腿绷紧：从脚跟到骶骨捆绑瑜伽带

辅　具

1根瑜伽带 

功效　瑜伽带支撑骶骨是此体式的外部结构。双腿抵抗瑜伽带，使双腿变得更有活力。脊柱的伸展用力较少，下腹部放松，从而可以在体式中更安静、放松地停留。

在手杖式中，骶骨应推向骨盆和脚跟方向，双腿激活，双脚打开。

→ 将 1 根瑜伽带环绕脚跟和骶骨（腿长的练习者可能需要 1 根长瑜伽带）。

› 双膝微屈，拉紧瑜伽带。（图 1）

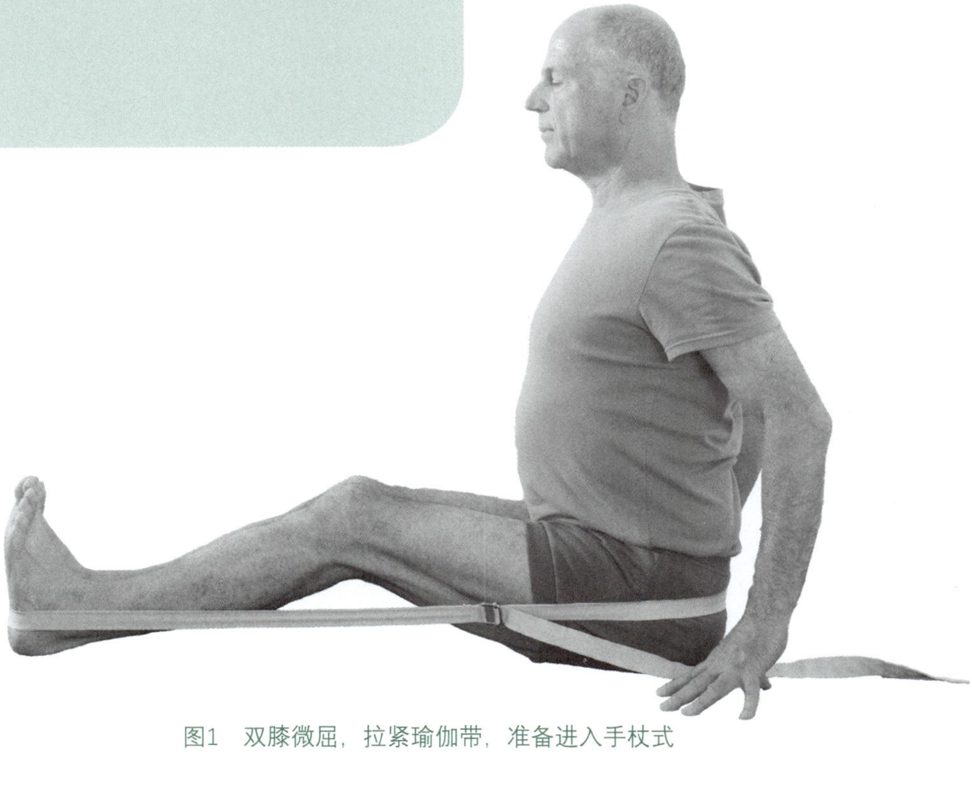

图1　双膝微屈，拉紧瑜伽带，准备进入手杖式

☼ 想象双脚脚掌形成一道墙，骶骨内收，向这道墙的方向移动。

☼ 如果骶骨移动困难，则将双腿分开与髋同宽，帮助骶骨内收、前移。

› 双腿伸直，绷紧瑜伽带。（图 2）

› 双脚前蹬，与瑜伽带形成拮抗。双脚脚掌拓宽，脚掌皮肤从中心向两侧展开。

图2　双腿伸直，绷紧瑜伽带，进入手杖式

变体4

腿后侧打开：脚跟放在瑜伽砖上

辅　具

1~2块瑜伽砖

功效　脚跟下压瑜伽砖，激活大腿前侧肌肉，拉伸腿后侧。瑜伽砖坚硬的表面使脚跟的感觉变得敏锐。

→ 手杖式坐立，双脚脚跟放在瑜伽砖上。

› 跟腱伸展，双脚打开，跟骨压向瑜伽砖。（图 1）

› 膝盖骨拉向身体方向，使腿后侧打开。

此变体还可以坐在瑜伽砖上来完成。（图 2）

瑜伽砖坚硬的表面使坐骨的感觉变得敏锐。

☼ 想象你的大腿上放有较重的杠铃片，激活股四头肌，但不要使它们缩短，将股四头肌向下收紧，贴向骨骼，使骨骼向下移动。

☼ 两臂、两脚跟均匀下压，保持体式的对称。

如果小腿肚肌肉过度落向地面，会导致膝关节超伸（图 3），从而损伤膝关节。

如果无法避免小腿肚肌肉的过度下落，可用一条卷起来的瑜伽毯支撑小腿，防止膝关节锁住。（图 4）股四头肌收紧，大腿前侧向地面方向下移。

图1　双脚放在瑜伽砖上的手杖式

图3　膝关节超伸

图2　双脚、臀部放在瑜伽砖上的手杖式

图4　支撑小腿的手杖式

变体5

双脚激活：双脚抵墙

辅　具
墙面

功效　双脚抵墙形成的拮抗力可以激活双脚内侧，练习者可学习如何伸展双腿内侧。

图1　双脚抵墙，双膝微屈，手杖式坐立

此变体有助于同时激活双腿内侧和外侧。

→ 双脚抵墙，双膝微屈，手杖式坐立。（图 1）

› 双腿伸直，双脚抵墙。双脚平铺，脚跟和跖球用力蹬墙。（图 2）

图2　双脚蹬墙的手杖式

双腿分开

双腿分开与髋同宽。这有助于创造骨盆和下腹部的宽度。（图 3，图 4）

如果有墙绳，可利用它伸展躯干。（图 5）

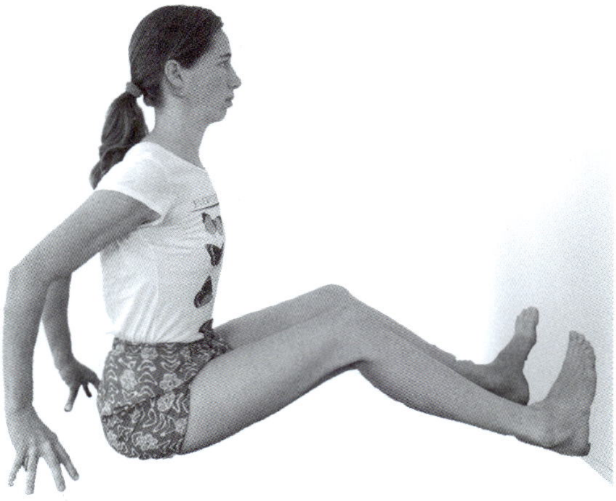

图3 双腿分开，手杖式坐立

图4 双腿分开的手杖式

图5 双腿分开，手拉墙绳的手杖式

- 双腿伸直时膝关节不要锁住，而是要拓展大腿和小腿之间的空间，即将小腿肌肉向脚跟方向拉伸，将大腿肌肉向髋部方向拉伸。
- 膝盖骨深深地吸向膝关节。
- 大脚趾和二脚趾之间的空间拓宽，所有脚趾张开。
- 双脚外缘、大脚趾跖球和双脚跟均匀地前推。

变体6

大腿内旋：大腿夹瑜伽砖

辅　具
1块瑜伽砖

功效　大腿内旋可以拓宽骨盆，在下腹部创造空间。坐骨的展开使体式更稳定。瑜伽砖带来大腿的觉知，并且使大腿内旋的动作变得清晰、明确。它也有助于大腿外侧的激活。

→ 手杖式坐立，用双手将大腿前侧从外向内转。（图 1）

› 将 1 块瑜伽砖放在大腿之间。

› 保持大腿内旋，外侧收紧，夹住瑜伽砖。（图 2）

☼ 大腿内旋，直到大腿内侧前缘触到瑜伽砖。

☼ 观察双腿，检查膝盖骨和大腿前侧中线是否朝向天花板。两侧膝盖骨看上去应该完全一样。

☼ 双腿下压，检查双腿后侧的中线，即连接坐骨和脚跟后侧的直线，是否完全压向地面。

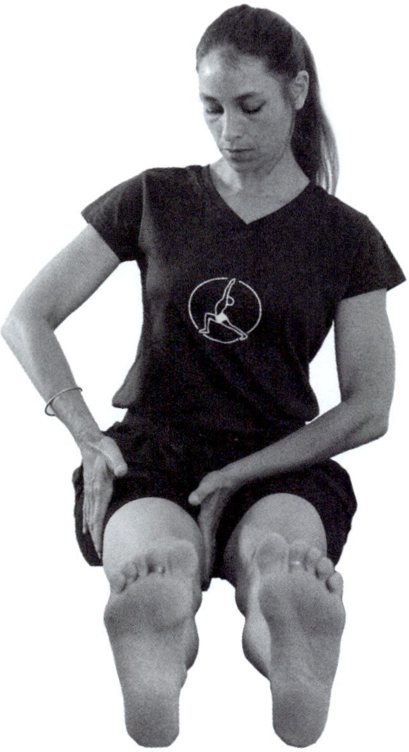

图1　用双手将大腿前侧从外向内转

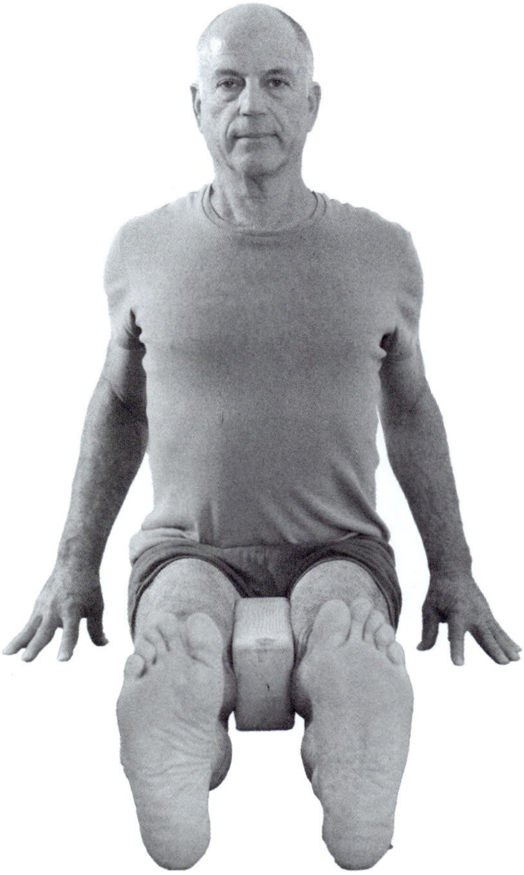

图2　双腿夹瑜伽砖的手杖式

变体7

稳定双腿：双腿捆绑瑜伽带

辅　具

1张瑜伽垫（薄）

6根瑜伽带

1片或多片杠铃片（可选）

1个瑜伽抱枕（可选）

功效　这是手杖式的修复性变体。对缓解膝关节问题和腘绳肌僵紧特别有效。如果腘绳肌和腹股沟后侧僵紧或疼痛，建议在开始练习前先在此体式中坐上几分钟。这样做可以使肌肉柔软，促进下肢血液循环，为更活跃的练习做准备。

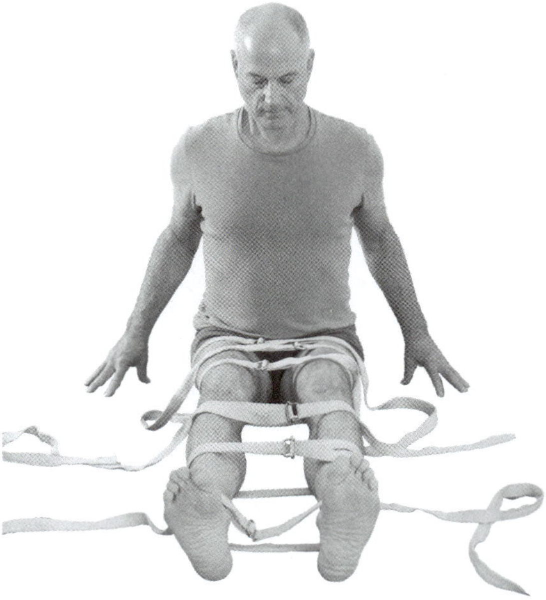

图1　双腿捆绑6根瑜伽带

此变体需要几根瑜伽带，也可准备几片杠铃片。如果家里没有这么多瑜伽带，也可以适当减少数量，或者去瑜伽馆进行练习。

→手杖式坐立。两大腿、两小腿分别捆绑3根瑜伽带。注意，瑜伽带的间距要相等，环扣方向依次交错，确保双腿受力均衡。瑜伽带先不要拉紧。（图1）

› 将一张薄瑜伽垫卷成一个细条，穿过瑜伽带放到两腿之间。从双腿内侧中线发力夹住瑜伽垫，将瑜伽带依次拉紧。（图2）

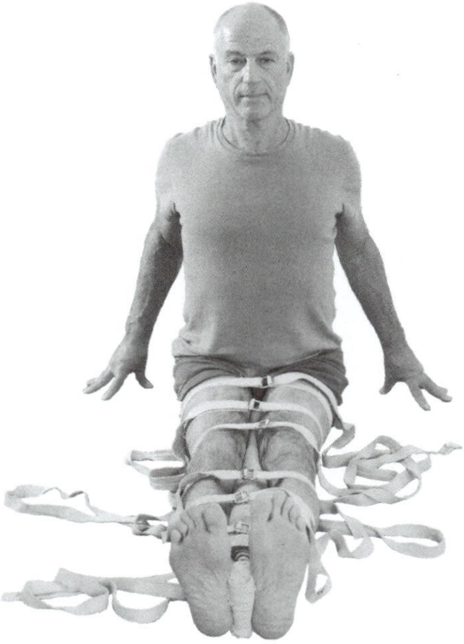

图2　拉紧瑜伽带

选项：大腿上放杠铃片

› 大腿上放几片杠铃片（总重量不要超过50千克）。（图3）

› 在体式中保持5分钟，或更长时间。

◎ 小心，不要将金属杠铃片放在膝关节上。

☼ 可以靠墙，或者像前面变体2那样握住绕在双脚上的瑜伽带，这样感觉会更舒服。

☼ 以1个竖放的瑜伽抱枕和1块斜木板支撑背部，可以将胸腔进一步打开。（图4）

☼ 出体式后，缓慢起身站立，走几步。感觉本变体对双腿和膝关节的作用。

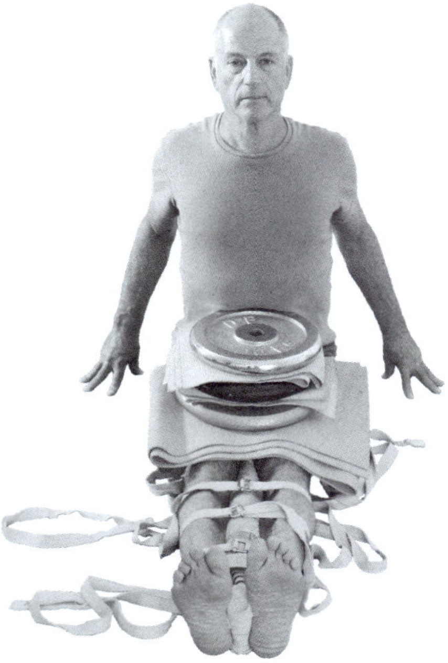

图3 大腿上放置杠铃片

图4 背部支撑，胸腔进一步打开

束角式

（*Baddha Koṇāsana*）

束角式和坐角式对男性和女性的生殖系统器官来说是很重要的体式。它们可为骨盆和下腹部创造空间，并促进这些器官的血液循环。强烈推荐经期和孕期女性进行练习。辅具可以帮助练习者改善髋部和腹股沟的柔韧性。

如果你患有子宫移位或者下垂，请不要练习此体式。如果你的膝关节有损伤，请务必在有经验的艾扬格瑜伽认证教师的指导下进行练习。

变体1

骨盆抬高，双膝下落：坐高一些

辅　具

1块瑜伽砖
1根瑜伽带（可选）
2条瑜伽毯（可选）
1个瑜伽抱枕（可选）

功效　瑜伽砖坚硬的表面给臀部的下陷形成阻力，这有助于使练习者感觉身体的重量是否均衡地分布于臀部两侧，并且有助于脊柱伸展。双手握住双脚，将它们拉近骨盆，可激活背部，打开胸腔。

如果在束角式坐立时双膝高于骨盆过多，双膝则无法下落，背部也无法向上伸展。此时就需要以某种支撑物来抬高臀部。我们在这里演示的是用木质瑜伽砖做支撑，当然也可用瑜伽抱枕和瑜伽毯进行支撑。

→ 将瑜伽砖平放地面上，束角式坐于其上。（图 1）

› 双手握住双脚。如果不能舒适地够到脚，可用瑜伽带辅助。（图 2）

› 以双脚作为固定点，双臂弯曲，胸部前移，同时双肩后旋，打开胸腔。在此体式中安静地保持几分钟。

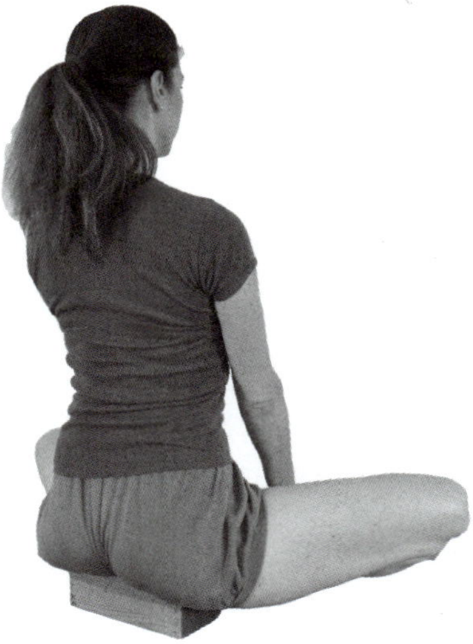

图1　坐在瑜伽砖上的束角式

图2　瑜伽带辅助的束角式

☼ 学习此体式的对称性：体会两侧坐骨的感觉，检查它们是否均衡。关注大腿和膝关节，检查一下两边是否对称。

图3　瑜伽毯卷支撑脚踝的束角式

◎ 为了加深大腿内侧的拉伸，将两条卷起来的瑜伽毯分别放在两侧脚踝外侧。（图3）这种支撑可以抬高脚踝和小腿，有助于打开腹股沟，使大腿进一步下落。

变体2

脚跟移向骨盆：捆绑小腿和大腿

辅 具

2根瑜伽带

1条瑜伽毯

或2块瑜伽砖（可选）

功效 瑜伽带可以加深腹股沟的打开程度，使双腿得到放松。此变体使下腹部扩展。特别推荐经期和孕期女性练习。当然，它对男性也同样有益。

在束角式的最终体式中，脚跟应该接触骨盆，膝关节应该向两侧、向身后伸展。

→ 束角式坐立。根据需要选择合适的支撑物。

› 准备2根瑜伽带，做成2个环，分别套在两侧大腿根部和脚踝外侧。瑜伽带环扣位于大腿内侧，瑜伽带自由端朝向身体，以便于随时进行调整。

› 脚跟向臀部方向移动，拉紧瑜伽带，使小腿分别贴近同侧大腿。

适用 仰卧束角式。

◎ 瑜伽带也可以系在大腿下端膝关节上方，靠近膝关节，如莲花式（*Padmāsana*）体式9图3所示。这有助于膝关节的稳定。

图1　捆绑小腿、大腿的束角式

变体3

骨盆移向脚跟：瑜伽砖支撑手掌

辅　具
2块瑜伽砖
1条瑜伽毯

功效　此变体有助于伸展大腿内侧，骨盆前移。以这种方式进入体式也有助于腹股沟的打开，使大腿和膝关节进一步后移。

→ 将瑜伽毯3折成一个长条，束角式坐在长条的一端，脚跟接触长条的前端。开始时骨盆可以离开脚跟。

› 骨盆两侧分别放置1块瑜伽砖。（图1）

图1　瑜伽砖支撑双手，准备进入束角式

› 双手下推瑜伽砖，抬起臀部，骨盆前移一点。重复几次，直到骨盆最大限度地接近或接触脚跟。在这个过程中保持大腿向外、向后打开。（图 2）

图2　瑜伽砖支撑双手，进入束角式

变体4

大腿打开：膝后夹瑜伽带

辅　具

2根瑜伽带
或瑜伽绳
1条瑜伽毯
或瑜伽砖（可选）
1位搭档（可选）

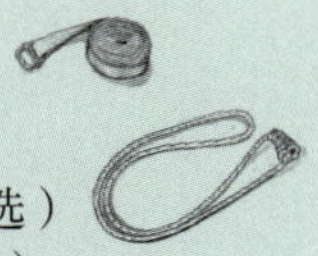

功效　拉瑜伽带能展开腹股沟内侧和大腿内侧，还能在膝关节后侧创造空间。

→ 准备 2 根瑜伽带，分别对折。

› 束角式坐立在一条折叠的瑜伽毯上，将对折的瑜伽带分别塞入双膝后侧。手臂伸直，双手握住瑜伽带拉向两侧，从而扩展腹股沟内侧，拉长大腿内侧。（图 1）

› 变换拉瑜伽带的方向可以得到不同效果。例如，将瑜伽带略向后拉，可使大腿外旋，双膝内侧打开。

☼ 如果膝关节疼痛，用双折的瑜伽绳，或者选用其他更粗的物品来代替瑜伽带，这将为膝关节创造更大空间。为了缓解膝关节内侧的疼痛，可将瑜伽带上端向后拉。这将创造膝关节内侧的空间。也可请搭档帮助向后拉，效果会更好一些。

◎ 如果可能，可以请两位搭档帮助拉瑜伽带，使大腿得到被动伸展。这是非常舒服的体式。

图1　膝后夹瑜伽带的束角式

变体5

瑜伽带支撑膝关节：捆绑骨盆和双膝

辅　具

2根瑜伽带

1条瑜伽毯或

1张瑜伽垫

功效　瑜伽带有助于将股骨头拉回髋臼中，并使骨盆带收紧，可以打开腹股沟，使脊柱延展。与瑜伽带的拮抗有助于大腿内侧的打开。

→ 束角式坐在瑜伽垫或者折叠的瑜伽毯上。

› 用 2 根瑜伽带松松地套住骨盆。

› 将瑜伽带调整到骨盆处，分别套住双膝。（图 1）

› 双膝微微上提，拉紧瑜伽带，双膝落回，绷紧瑜伽带。

› 大腿后旋。大腿外侧移向骨盆，大腿内侧从腹股沟开始向膝关节内侧打开。

图1　捆绑骨盆和双膝的束角式

› 搭档可以面向练习者坐立，将瑜伽带往回拉，同时用双脚脚掌夹住练习者的双脚，使其保持稳定。（图 2）

瑜伽带支撑骶骨和髂骨，以此稳定骨盆带。搭档的动作可以加强此体式的效果。

图2　搭档辅助的束角式

变体6

腹股沟进一步打开：脚掌夹瑜伽砖

辅　具

1块瑜伽砖

1条瑜伽毯（可选）

功效　脚掌夹瑜伽砖有助于大腿向两侧伸展，使腹股沟进一步打开，双膝的打开更宽、更向后，使股骨头更深地进入髋臼中。

→ 束角式坐立于折叠的瑜伽毯上。

› 双脚分开，脚掌夹 1 块瑜伽砖。

› 脚跟用力夹紧瑜伽砖，大腿内侧向远离骨盆的方向伸展，外旋。（图 1）

图1　脚掌夹瑜伽砖的束角式

变体7

支撑背部：运用瑜伽椅

辅 具
1把瑜伽椅
1条瑜伽毯
墙面

功效 这是疗愈性束角式。以这种方式进入体式有助于保持脊柱拉长并放松腹股沟。调整好坐姿后，瑜伽椅可以为后背提供支撑，并帮助它不费力地保持竖直和稳定。

→ 准备 1 把瑜伽椅，椅背靠墙放置。如果需要，可以在地面上放 1 条折叠的瑜伽毯，前端超出瑜伽椅椅座前端少许。

› 坐在瑜伽椅上，双脚并拢。（图 1）

› 髋部慢慢前移，朝地面方向缓缓下落，手掌下推椅座，支撑背部，以保持躯干的长度。

› 最后，臀部微微后移，坐在折叠的瑜伽毯上，椅座前缘支撑后背。（图 2）

图1 坐在瑜伽椅上，准备进入束角式

图2　瑜伽椅支撑背部的束角式

变体8

打开胸腔：运用墙绳

辅 具

1根墙绳
1个瑜伽抱枕（可选）
1条瑜伽毯（可选）

功效 墙绳有助于胸腔的打开和上提，并为背部提供支撑。

→ 面向墙绳束角式坐立，身体中心对准墙钩。

› 从头部将瑜伽绳套在胸部，调整绳子，卡在肩胛骨底端。

› 身体后移，拉紧瑜伽绳，支撑背部。（图 1）

› 如果墙钩太高，可以用瑜伽抱枕或者折叠的瑜伽毯将臀部抬高（图 2），双脚也应相应地抬高。

图1 运用墙绳的束角式

图2　运用墙绳、抬高臀部的束角式

变体9

为根茎式做准备：双脚抬高

辅　具
1个瑜伽抱枕
或1条瑜伽毯
墙面（可选）

功效　双脚抬高有助于大腿内侧的打开。

此变体可以帮助较柔软的练习者打开腹股沟，进一步伸展内收肌。它还可作为根茎式（*Kandāsana*）的准备（《瑜伽之光》，图 470）。

→ 束角式坐立。背部可以靠墙支撑。

› 双脚抬起，放在瑜伽抱枕或者折叠的瑜伽毯上。

› 腹股沟打开，双膝下落。（图 1）

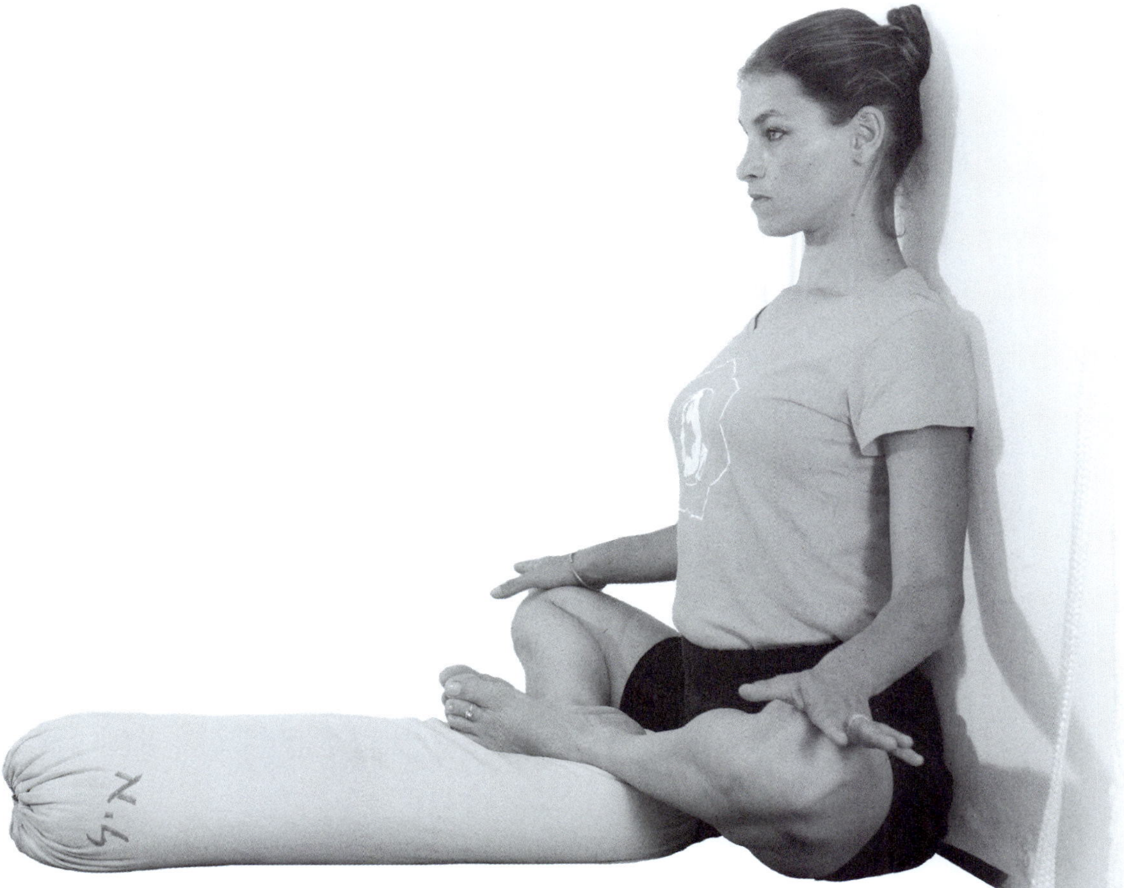

图1　双脚抬高的束角式

坐角式

（*Upaviṣṭa Koṇāsana*）

坐角式和束角式一样，对生殖系统器官来说是很重要的体式，男性和女性同样适用。坐角式也可为骨盆和下腹部创造空间，并促进这些区域器官的血液循环。经期和孕期女性可以安全地练习。辅具有助于改善练习者的髋部和腹股沟的柔韧性。

如果你患有子宫移位或者下垂，请不要练习此体式。如果你的膝关节有损伤，请务必在有经验的艾扬格瑜伽认证教师的指导下进行练习。

变体1

稳定背部：双手拉紧瑜伽带

辅　具

2根瑜伽带 
1条瑜伽毯
或1张瑜伽垫（可选）

功效　双手拉紧瑜伽带可以激活双脚和双腿，有助于保持躯干上提以及胸腔打开。

→ 坐角式坐立。（可以坐在瑜伽垫或折叠的瑜伽毯上。）

› 两脚各套上 1 根瑜伽带。双手拉紧瑜伽带，胸部上提、前移，同时双肩后旋。

› 双腿伸展，与瑜伽带的拉力形成拮抗。双脚打开，大腿前侧下压。（图 1）

> ⚠ 双膝保持完全打开，向两侧均衡伸展，以保护腘绳肌。大腿不要离开地面。

图1　双手拉紧瑜伽带的坐角式

侧伸展坐角式（*Utthita Pārśva Upaviṣṭa Koṇāsana*）也可以用瑜伽带进行辅助。

以身体右转为例：

› 左手前伸，抓住右脚上的瑜伽带。

› 右手后伸，从背后抓住左脚上的瑜伽带。（图 2）

图2　双手拉紧瑜伽带，进入侧伸展坐角式

› 双手拉紧瑜伽带。随着下一次呼气，右手再向后一些，身体右转更多一些。（图 3）

图3　双手拉紧瑜伽带，身体右转更多一些

变体2

稳定双腿：捆绑骨盆和双腿

辅　具

2根瑜伽带

1条瑜伽毯

1位搭档

功效　骨盆和双腿捆绑瑜伽带可将股骨头拉回到髋臼中，并使这个区域更加收紧。瑜伽带的阻力有助于双腿和双脚的激活。

→ 坐角式坐立。可以坐在瑜伽垫或折叠的瑜伽毯上。

› 将 2 根瑜伽带做成 2 个大环，将头和躯干套进去。将瑜伽带调整到骨盆处。将一个环套住左髋和右脚脚跟。另一个环套住右髋和左脚脚跟。

› 双膝微屈，拉紧瑜伽带。双腿伸直，绷紧瑜伽带。双手握住瑜伽带。

› 双腿伸展，双脚打开，大腿前侧下压。双腿后侧的中线应该压向地面，膝盖骨和脚趾与地面垂直，向上。（图 1）

› 大腿外侧收紧，向骨盆方向拉。腹股沟内侧放松，向地面方向下落。大腿内侧从腹股沟向脚跟方向伸展。

◎ 如果你的腿较长，则需要使用长瑜伽带。

图1　捆绑骨盆和双腿的坐角式

搭档可以面向练习者坐立，双脚抵住练习者脚踝内侧，双手均匀用力，将瑜伽带向回拉。这样做可加强此体式的功效。（图 2）

搭档的拉力可以加强此体式的功效，有助于将骶骨及骨盆稳定。

◎ 此变体可以由两位练习者相对而坐，双脚互相抵住完成。

图2　捆绑骨盆和双腿、搭档辅助的坐角式

变体3

双腿内侧进一步打开：双脚抵墙

辅　具

墙面
2根墙绳（可选）
1位搭档（可选）

功效　墙面有助于双腿的激活和进一步打开。搭档可以帮助练习者将骶骨推入骨盆，为骨盆创造更大的空间。

→ 面对墙面坐角式坐立，双脚内侧抵墙。

› 双手在臀部后侧撑地，骨盆抬起，慢慢向墙面方向移动，直到腹股沟内侧和大腿内侧得到很好的拉伸。

› 如果有墙绳，双手可以抓住墙绳，将上身向上拉。（图 1）

图1　双脚抵墙的坐角式

› 搭档可以坐在练习者身后，用脚掌将练习者的骶骨推向骨盆。（图 2）

☼ 观察骨盆内部创造的空间，扩展呼吸的区域。

图2 双脚抵墙、搭档辅助的坐角式

变体4

双腿后侧打开：脚跟放在瑜伽砖上

辅　具

2块瑜伽砖
1条瑜伽毯
或1张瑜伽垫（可选）

功效　脚跟抬高可使双腿和膝关节后侧打开、伸展，从而使大腿肌肉得到锻炼和加强。

此变体与手杖式变体 4 相似。

→ 坐角式坐立。可坐在瑜伽垫或者折叠的瑜伽毯上。

› 两脚跟下各放置 1 块瑜伽砖。双腿后侧、跟腱伸展，同时脚跟扎实地下压瑜伽砖。

› 双手手掌撑地，躯干上提。如果双手手掌不能很好地撑住地面，可以用手指尖触地，或者在手掌下放置 1 块瑜伽砖作为支撑。

› 双膝后侧打开，将膝盖骨拉向髋关节方向，大腿前侧下压。

› 利用手掌撑地的拮抗力上提并打开胸腔。双肩后旋，胸椎向内，收入身体。（图 1）

图1　脚跟放在瑜伽砖上的坐角式

吉祥式(*Svastikāsana*)

吉祥式(或简易坐)对很多人来说是主要的坐立体式。它是莲花式很好的替代体式。在吉祥式(或简易坐)中,如果没有办法使躯干直立、对位,可抬高座位,将臀部抬起。

所谓吉祥式,是指双腿紧密交盘,双脚外侧完全触地。所谓简易坐,是指双腿和双脚以任何简单的方式放松,坐立。

有很多运用辅具的方式来提高体式的稳定性和紧凑感,同时打开胸腔并伸展躯干。我们先介绍帮助调整骨盆区域的变体(变体1~变体10),接着是调整胸部区域的变体(变体11~变体18)。这里给出的方法大都适用于其他坐立体式,其中一些方法可以组合使用。我们鼓励练习者进行研究,亲身体验,发明、创造出更多的方法。

先学习这些变体,感受辅具对体式的作用,然后尝试在不使用辅具的情况下重建同样的效果。

⚠ **如果膝关节敏感,则用卷起来的瑜伽毯或瑜伽抱枕支撑(参见变体5)**

变体1

标准吉祥式：常规瑜伽毯支撑

辅　具
1条瑜伽毯

☼ 要经常改变双腿交盘的方式。注意平时的习惯，并先按习惯交叉。

☼ 如果腹股沟僵硬，双膝高于腹股沟，则将双脚略收，靠近身体，双膝分开大一些。也可以在臀部下方再加1条折叠的瑜伽毯来抬高座位。

☼ 检查臀部的哪个部分接触瑜伽毯。如果是坐骨后缘主要负重，你会发现脊柱很难从底部上提。这意味着需要再加高座位。

☼ 眼睛平视前方，保持双眼放松。不要凝视任何具体物品，内观身体。想象从头骨后方看向一个开阔之地。

☼ 观察体式，想象有一条铅垂线从头顶穿过上半身直达会阴。确保这条铅垂线完全垂直，既没有任何左右倾斜，又没有向左或向右的扭转，也没有任何前倾或者后弯。整个身体围绕着这条线安定下来。

屈左腿来做此体式：

→ 手杖式坐立。可以坐在折叠的瑜伽毯上。注意，臀部坐在瑜伽毯上时，瑜伽毯对大腿后侧上端也要有所支撑。

› 双手将大腿上端从外向内转。这样做可使臀部变宽，为体式建立一个更宽的基座。（图 1）

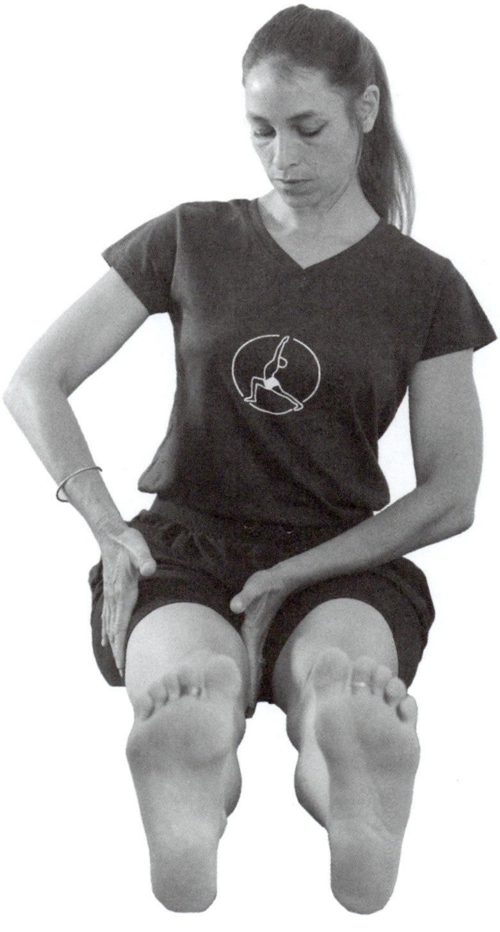

图1　大腿内旋，准备进入吉祥式

› 先屈左腿，再屈右腿，两小腿在中部交叉，双脚置于双膝下方。

› 十指推地，臀部微微抬起，腹股沟放松，骨盆悬空，自然下坠，找到其垂直的正位。臀部缓缓回落地面，坐骨尖接触地面或瑜伽毯。

› 手掌放在双膝上，将双膝向身体方向拉，同时骶骨内收。先将手臂伸直，然后双肘微屈，手臂后侧（肱三头肌）由外向内旋。肩胛骨底端收向胸部后侧，肩胛骨内侧收向脊柱。

› 脊柱垂直向上伸展，双肩向后向下旋，胸部打开，同时肩胛骨内收。

› 现在，手臂完全放松，掌心向上放在大腿上，肘关节位于肩关节正下方。（图2）

› 完全释放腹股沟处的紧张，大腿外旋。小腿放松，落于双脚上。

› 双脚外侧的皮肤微微内收，使脚踝松软。

› 放松面部、双眼、内耳、下颌、舌头、喉咙、肩膀、手掌、腹部、腹股沟和双脚。

› 用深长、柔和的吸气打开身体，用柔和、缓慢的呼气放松全身。

图2 “标准”吉祥式

变体2a

伸展躯干：瑜伽毯支撑双手

辅　具

1条瑜伽毯

功效　双手支撑有助于将脊柱从骨盆开始伸展，也有助于胸腔打开。

→ 将瑜伽毯三折，做成一个长条。

› 臀部坐于长条中部，双手放在长条上，掌心下推，胸腔上提，躯干上提。（图 1）

☼ 观察身体的重量是否均匀分布于两侧坐骨上，是否一侧比另一侧感觉更轻一些，或者更窄一些。

☼ 目视前方，观察哪一侧目光更敏锐一些。将较轻一侧的臀部释放更多重量，使两侧臀部感觉更均衡。观察这对脊柱和双眼敏锐度的影响。

图1　瑜伽毯支撑双手的吉祥式

变体2b

伸展躯干：瑜伽砖支撑双手

辅　具

2块瑜伽砖
1条瑜伽毯

功效　瑜伽砖支撑双手进入体式，可以使骨盆更轻松地上提。双手的支撑也有助于脊柱的伸展、上提，以及胸腔的打开。无名指和小指下推可以激活肩部外侧，大拇指和食指下推则可以激活肩部内侧和腋窝。

图1　瑜伽砖支撑双手的吉祥式

瑜伽砖提供了坚硬的表面，可以支撑整个手掌和十指。它使十指和双肩之间的连接变得清晰。

尝试以下方法：

→ 吉祥式坐立。可以坐在折叠的瑜伽毯上。臀部两侧分别放置 1 块瑜伽砖。

› 双手放在瑜伽砖上，中指朝向正前方。分别找到双手的中线。

› 大拇指、食指微微抬离瑜伽砖，无名指、小指下推瑜伽砖。注意这对肩部产生的影响。

› 将无名指、小指抬离瑜伽砖，大拇指、食指下推瑜伽砖，观察肩部发生了什么变化。

› 十指同时下推瑜伽砖，观察手掌内侧和外侧均匀下压后体式的变化。

› 运用十指的推力上提躯干两侧，肩部应保持不动。（图 1）

☼ 确保两块瑜伽砖与身体的距离相等，双手对瑜伽砖的压力相等。

适用 所有坐立体式。

变体3

伸展躯干：瑜伽毯支撑小腿

辅　具

1条瑜伽毯

功效　支撑小腿能使双腿和腹股沟放松。

图1　阶梯式坐垫

→ 将瑜伽毯三折，再将其一端折叠，做成一个阶梯式的坐垫。（图 1）

› 坐立于较高一端，双腿交盘，落在较低一端。（图 2）

适用 莲花式。

图2　坐在阶梯式坐垫上的吉祥式

变体4

坐骨分开：坐在卷起的瑜伽垫上

辅　具

1张瑜伽垫

功效　卷起的瑜伽垫有助于骨盆底端区域的展开，也可以用来支撑脊柱底端，还可以用来支撑小腿，使双腿和腹股沟放松。

→ 将 1 张瑜伽垫卷成细条。

› 将卷起来的瑜伽垫放在臀部中间，并坐于其上。

› 确保两侧坐骨得到同等支撑。（图 1）

◎ 可以用瑜伽毯卷起来代替瑜伽垫。

图1　坐在瑜伽毯卷上的吉祥式

如何确定座位的适合高度?

B.K.S. 艾扬格大师写道：

“在山式中，从耻骨底端到肚脐之间要有空间，并保持这个区域平坦。在坐立体式中要去模仿山式中的伸展。”（《调息之光》，*Light on Pranayama*，第 11 章第 21 段）

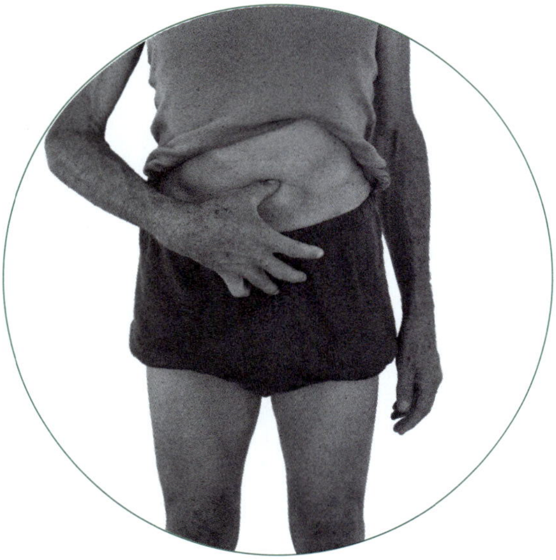

图2 测量耻骨到肚脐的距离

为了更好地领会艾扬格大师文中的内涵，可进行如下尝试：

› 山式站立，脊柱向上伸展，用大拇指、中指或者无名指来测量耻骨到肚脐的距离。（图 2）

› 手指保持此距离，坐下。再测量一下耻骨到肚脐的距离。如果此时的距离明显缩短了，则说明臀部可能需要更高的支撑。

适用 除雷电式（*Vajrāsana*）之外的所有坐立体式。

变体5

长时间坐立：运用高的支撑

辅　具
1个瑜伽抱枕
2~3条瑜伽毯
1根瑜伽带

功效　座位高一些，再加上小腿的支撑以及双手的位置，这些都可释放四肢的紧张，放松腹股沟前侧，并使脊柱不费力地从底端开始向上伸展。双膝和双手得到支撑可进一步放松四肢。

以下方法可保持长时间舒适的坐立：

→ 坐在一个瑜伽抱枕上。如果瑜伽抱枕太软，可在其上放置 1 条折叠的瑜伽毯。

› 将 1 条瑜伽毯卷成长条，夹在小腿和双脚之间。（图 1）

› 确保坐在坐骨顶端，骶骨和耻骨从底部垂直上提。

› 确保双膝同高，并得到很好地支撑。

另一个支撑双膝的方法是用瑜伽带将双膝捆绑起来。（图 2）

有些人发现将瑜伽毯三折放在大腿顶端，将双手置于其上，很舒服（参见变体 15）。

吉祥式坐立时，交盘的双膝的顶端应与腹股沟前侧大致同高。如果座位抬高得太多，则双膝会下落，并将腰椎向前拉，长时间坐立则会使背部和腹股沟疲劳。

图1　高支撑的吉祥式

适用　英雄式（*Vīrāsana*）。

图2　捆绑双膝的吉祥式

变体6

感知臀部区域：坐在瑜伽砖上

辅　具

1块瑜伽砖

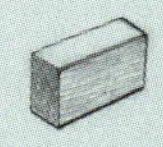

功效　木质瑜伽砖的表面会给练习者带来不同的感觉，使练习者能从中体验到更强的土元素，躯干也能更好地上提。使坐骨的感觉更敏锐，从而更好地感知每侧臀部的重量。

与瑜伽抱枕或者瑜伽毯不同，木质瑜伽砖坚硬的表面使臀部无法下陷。（图1）

☼ 学习如何将体重均衡地分配于两侧臀部。

适用　除莲花式（*Padmāsana*）外的所有坐立体式。对于莲花式来说瑜伽砖太高了。

图1　坐在瑜伽砖上的吉祥式

变体7

稳定骨盆：瑜伽带捆绑双腿

辅　具
1~2 根瑜伽带

功效　瑜伽带的捆绑可以创造更多的稳定和舒适。它们为体式提供了“边界”，支撑双膝和骶骨，有助于股骨头（大腿骨）深入到髋臼中。骨盆稳定后，下腹部会变得柔软。身体外部的收紧与身体内在空间的拓宽使内脏器官得到安抚，有益于内脏器官的健康。

骨盆区域收紧，可以防止脊柱下塌，从而保持体式的稳定、警觉。需要做以下两个动作：

· 将股骨头（大腿骨）内收，进入髋关节的髋臼中；

· 骶骨内收、前移，进入骨盆。

我们首先演示使用 1 根瑜伽带的方法，然后演示使用 2 根瑜伽带的两种方法。

使用1根瑜伽带

→ 将瑜伽带环绕骶尾带和双膝。

› 双膝微微上提，拉紧瑜伽带。

› 放松双膝，绷紧瑜伽带。确保股骨内收，移向髋关节。（图 1、图 2）

图1　1根瑜伽带捆绑双腿的吉祥式，前视图

☼ 腹部柔软，观察呼吸对这个区域的影响。

适用 莲花式（*Padmāsana*）、英雄式（*Vīrāsana*）。

图2　1根瑜伽带捆绑双腿的吉祥式，侧视图

使用2根交叉的瑜伽带

→ 将 2 根瑜伽带交叉，分别捆绑两侧腿与骶尾带。

› 双膝微微上提，拉紧瑜伽带。调整几次，直到感觉到收紧、平衡和稳定。然后双膝放松。（图 3）

适用 莲花式（*Padmāsana*）、束角式（*Baddha Koṇāsana*）。

图3　2根交叉的瑜伽带捆绑双腿的吉祥式

使用2根相连的瑜伽带

→ 将 2 根瑜伽带做成环状，相互套住，连在一起。（图 4）

› 将瑜伽带的交叉处置于骶尾带，2 个环套住双膝。（图 5）

› 调整瑜伽带，使环扣靠近双膝。

› 双膝微微上提，拉紧瑜伽带，然后双膝放松。（图 6）

图4　2根瑜伽带连在一起

图5　2根相连的瑜伽带捆绑双腿的吉祥式，后视图

图6　2根相连的瑜伽带捆绑双腿的吉祥式，前视图

变体8

根基收紧：瑜伽带捆绑骨盆

辅 具

1根瑜伽带

功效 瑜伽带的捆绑可以收紧骨盆区域，创造紧实感，从而有助于脊柱向上延展，使腹部变得柔软。

→ 山式站立，双膝微屈，用 1 根瑜伽带捆绑住骨盆带。

› 瑜伽带应该环绕在髋关节处（捆绑两侧股骨大转子处）。

› 一只手固定住环扣，另一只手拉紧瑜伽带，两手向两个方向用力（参见山式变体 5）。

› 坐下。（图 1）

☼ 骨盆捆绑着瑜伽带坐一会儿，观察捆绑的作用。解开瑜伽带，再次观察。体验前后两次有什么变化。尝试将其清晰地表述出来。

适用 所有坐立和站立体式。可在整个练习中绑着瑜伽带。

图1　瑜伽带捆绑骨盆的吉祥式

变体9

骶骨内收：在骶骨和墙面之间放置瑜伽砖

辅　具
1块瑜伽砖
墙面
1条瑜伽毯

功效　瑜伽砖的支撑可以稳定骶骨，由此稳定整条脊柱。它可为练习者带来宁静，将其注意力引导至骨盆区域。骨盆和下腹部是下行气（*Apāna Vayu*，向下移动的能量）的居所。可以利用此变体学习下行气呼吸法。

→ 背对墙面坐立在 1 条折叠的瑜伽毯上，离墙面 1 块瑜伽砖的距离。

› 身体略前倾，由上背部将瑜伽砖放到墙面和骶骨之间。（图 1）瑜伽砖慢慢下移，柔和地展平骶尾区域的皮肤，直到砖正好抵在骶骨中央。

› 身体坐直。微微施压，确保瑜伽砖保持在墙面和骶骨之间，不要滑落。

› 双肩向后向下转动，身体保持直立。（图 2）

适用 所有坐立体式，山式（*Tāḍāsana*）、四肢伸展式（*Utthita Hasta Pādāsana*）。

图1　在骶骨和墙面之间放置瑜伽砖

图2　骶骨抵砖的吉祥式

变体10

稳定根基：瑜伽带拉小腿

辅　具
1根瑜伽带

功效　用瑜伽带拉小腿可以创造体式的外部结构。利用与拉力的拮抗将骶骨内收。

→ 吉祥式坐立。将瑜伽带套在交叉的小腿处，双手均衡用力向身前拉。

› 骶骨内收，与此拉力形成拮抗。（图 1）

适用 莲花式（*Padmāsana*）、束角式（*Baddha Koṇāsana*）。在束角式中瑜伽带可以套在双脚下。

图1　瑜伽带拉小腿的吉祥式

变体11

支撑胸部：在背部和墙面之间放置瑜伽砖

辅　具
1块瑜伽砖
1条瑜伽毯
墙面
1把瑜伽椅

功效　瑜伽砖可以用来支撑背部，稳定胸部，并帮助打开胸腔。这是练习调息的很好方法。

此变体与变体 9 类似，但在这里瑜伽砖的作用是支撑胸部（可以用 2 块瑜伽砖将两个变体结合起来练习）。

→ 背对墙面坐立在 1 条折叠的瑜伽毯上，离墙面 1 块瑜伽砖的距离。

› 身体略前倾，将瑜伽砖放入墙面与胸椎之间，支撑脊柱中部。

› 身体坐直。微微施压，确保瑜伽砖保持在墙面和胸椎之间。

› 双肩向后向下转动，身体保持坐直。（图 1）

也可以用靠墙的瑜伽椅支撑背部。（图 2）

适用 所有坐立体式、山式（*Tāḍāsana*）。

图1　背部抵砖的吉祥式

图2　背部抵瑜伽椅的吉祥式

变体12

脊柱对位：背靠凸出的墙角坐立

辅　具
1个凸出的墙角
1块木板（可选）

功效　凸出的墙角使练习者能精确地感觉到椎骨，易于脊柱的调整对位。胸椎段用木板支撑可以打开胸腔。

→ 找到1个凸出的墙角，脊柱抵靠垂直的墙角坐下（也可靠在柱子的一边）。

› 骶骨中央、枕骨（头骨后侧）对准墙角。由下到上，椎骨一节一节地调整对位，感觉它们和墙角的接触。（图1）

◎ 由于脊柱的自然曲度，腰椎和颈椎并不能接触墙角，但是它们应该伸展向上，与墙角尽可能接近。

› 身体略前倾，将1块木板插到墙面和胸椎之间。

› 可以将双肘放在木板后，身体向后抵靠（图2），或者也可以将双肘放在木板前（双肘放在木板前时，可以将双肘温和地推向木板，卷动两侧肋骨向前、向上）。

适用 大部分坐立体式。

图1　背靠墙角的吉祥式

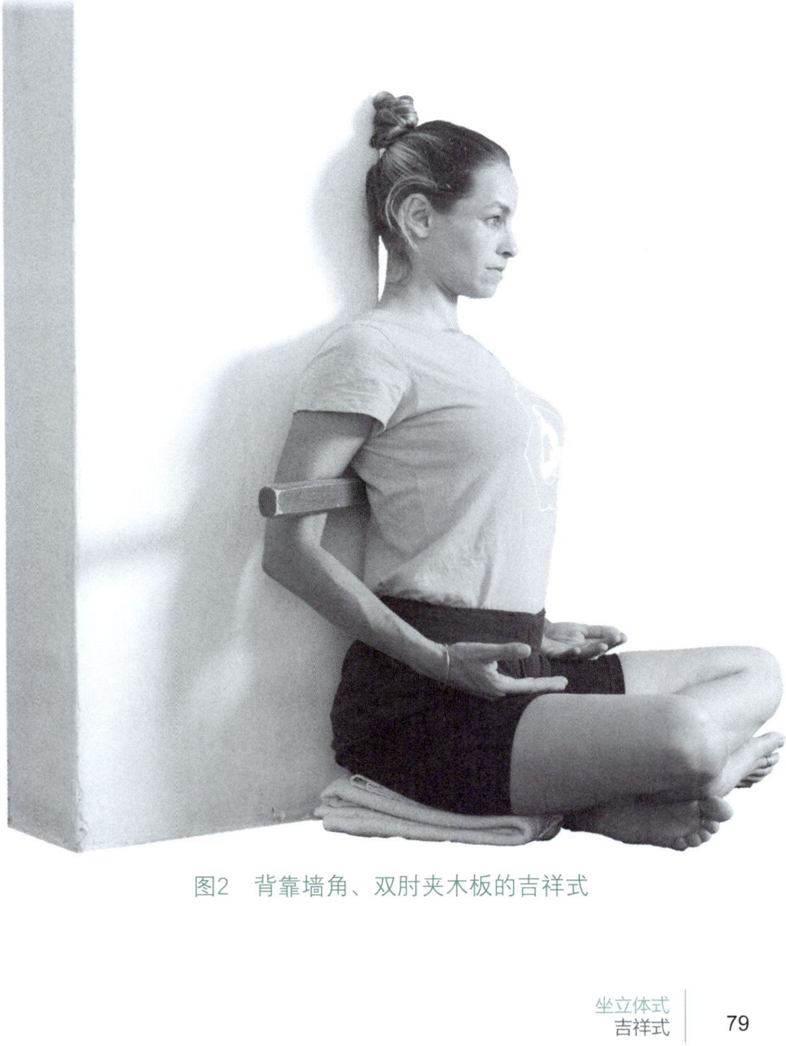

图2　背靠墙角、双肘夹木板的吉祥式

变体13

支撑背部: 运用墙绳

辅 具

1根墙绳

功效 胸部被墙绳稳定在最佳位置，同时前侧肋骨可以保持上提，而不对背部肌肉施力。

此变体与束角式（*Baddha Koṇāsana*）变体 8 类似。

→ 面对墙绳坐立。（如果没有墙钩，也可以选择坚固的门把手。）

› 将墙绳套在胸部正下方。

› 调整墙绳的长度和位置，当身体向后靠时骶骨能保持垂直于地面，背部肌肉得到支撑，胸腔被很好地打开。（图 1）

适用 所有坐立体式。

图1　墙绳支撑背部的吉祥式

变体14

双肩后旋: 交叉的“背背佳”

辅　具
1根瑜伽带

功效　瑜伽带的拉力有助于双肩后旋，肩胛骨下移、收向脊柱；可以稳定背部，打开胸腔；还可带来对无法直接看见的后背的觉知。

→ 将打开的瑜伽带放在双肩上，两端垂落到胸前。

› 将瑜伽带的两端分别穿过腋窝下，在背后交叉。

› 双臂弯曲，双手分别握住瑜伽带的两端，均衡地向前拉。（图 1）

› 如果瑜伽带足够长，可以将它绕在肘部外侧。（图 2）

图1　准备“背背佳”

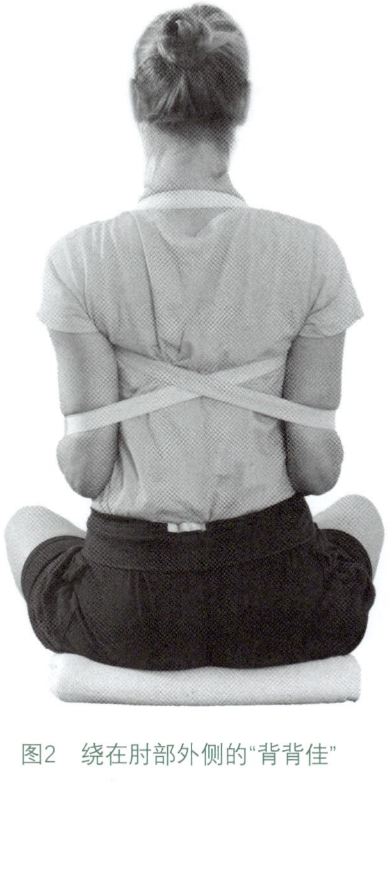

图2　绕在肘部外侧的“背背佳”

› 另一个选择是先将瑜伽带绕在肩胛骨处，两端向前穿过腋窝，再绕过双肩，在背后交叉。（图3）

› 保持此体式几分钟，将呼吸充满整个胸腔。然后，不要改变胸部的形态，慢慢松开瑜伽带，并继续保持此体式一会儿。

◎ 此变体可能需要1根长瑜伽带。

适用 所有坐立体式、山式（*Tāḍāsana*）。

☼ 小心，不要挤压脊柱，也不要让腰椎向前推。

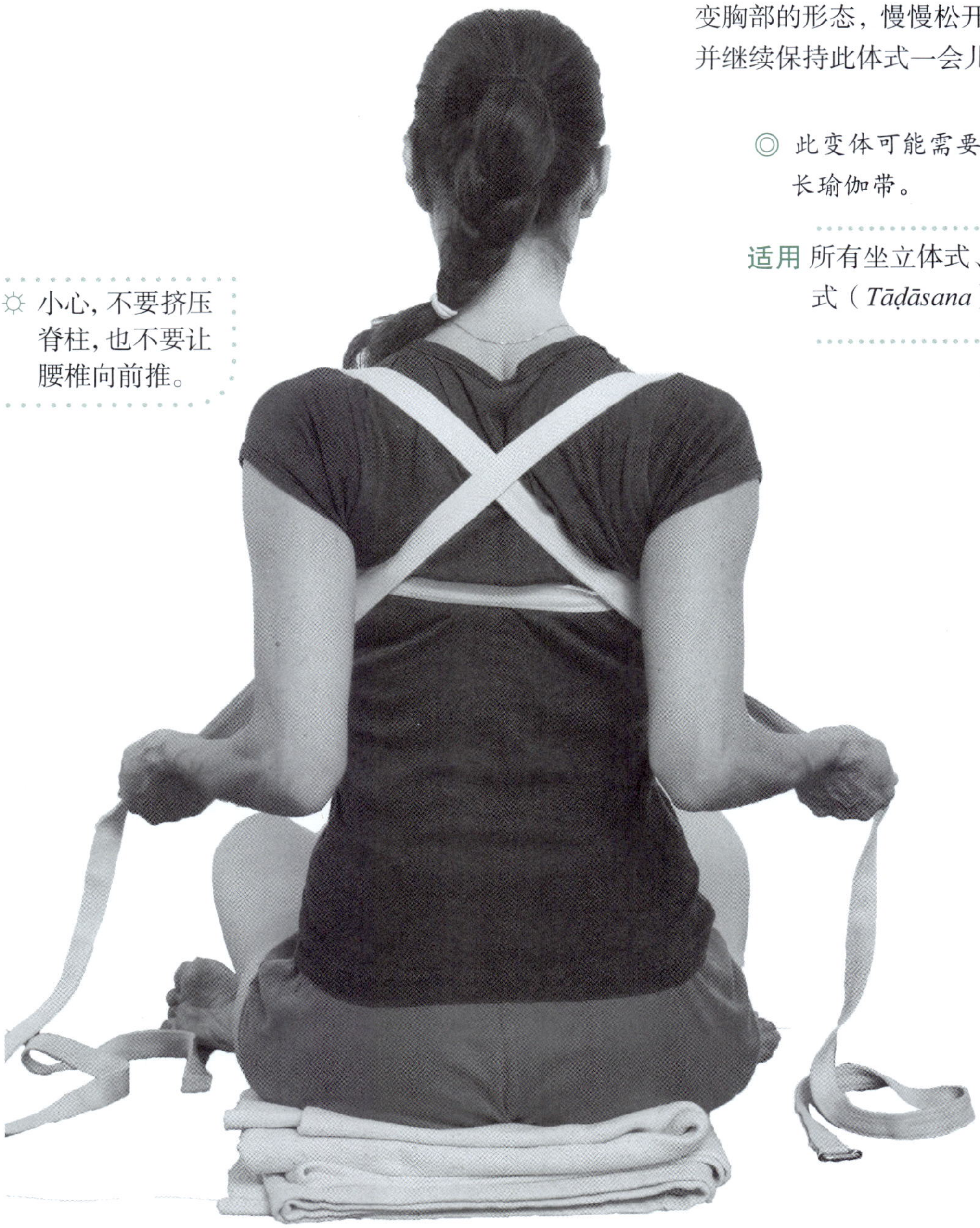

图3 另一种“背背佳”

变体15

双臂的稳定与放松：瑜伽带捆绑双肘

辅　具
1根瑜伽带
1条瑜伽毯
或1个瑜伽抱枕

功效　瑜伽带的阻力明确了手臂、肩部和肩胛骨的动作，它带来了对看不见的背后的觉知。瑜伽带对双肘的捆绑以及对双手的支撑有助于保持手臂的被动状态。

在坐立体式中，运动器官需要安顿下来，这并不容易，因为这些器官是我们日常活动的重要组成部分。在坐立体式中双腿交盘，得以稳定，但手臂是自由而活跃的。捆绑双肘时，双手的支撑有助于双臂的稳定、放松和被动。

此变体运用瑜伽带的方法与支撑肩倒立式（ *Sālamba Sarvāṅgāsana* ）相类似。

→ 吉祥式坐立，大腿上横放 1 条折叠的瑜伽毯或者 1 个瑜伽抱枕。将瑜伽带做成环状，保持与肩同宽。

› 双手在身后套进环中，双手掌心朝上，放在瑜伽抱枕或瑜伽毯上。

› 手臂内侧向下伸展，双肘温和地绷紧瑜伽带。（图 1）

适用 所有坐立体式、山式（ *Tāḍāsana* ）。

☼ 调整手掌的支撑高度，使小臂与地面平行。

☼ 大臂后侧（肱三头肌）内旋，胸椎、肩胛骨内收。

图1　瑜伽带捆绑双肘的吉祥式

变体16

检查身体直立、正位：瑜伽砖放在头顶

辅　具
1块瑜伽砖
1条瑜伽毯

功效　瑜伽砖的重量可以帮助练习者感知头顶的位置，使练习者对头顶和脊柱的相对位置更加清晰 。脊柱或头顶细微的倾斜也会导致瑜伽砖滑落，这对身体保持直立和正位有很好的指示作用，有助于改善身体的平衡和稳定。

→ 身体直立，坐在瑜伽毯上，将瑜伽砖小心地放在头顶上。

› 脊柱轻柔地向上伸展，就好像要将瑜伽砖推得更高。（图 1）

☼ 学习感知躯干的完美直立，躯干沿与地面垂直的轴线向上伸展，身体保持平衡。

☼ 学习保持瑜伽砖在头顶上，身体做最小幅度的调整，不要让瑜伽砖掉下来。

适用 所有坐立体式、山式（*Tāḍāsana*）。

◎ 最好用泡沫瑜伽砖，以防瑜伽砖从头顶滑落砸到身体。

图1 头顶上放置瑜伽砖的吉祥式

变体17

感知胸部：瑜伽带捆绑胸部

辅　具

1根瑜伽带 

或2根瑜伽带（可选）

功效　瑜伽带捆绑胸部可以帮助练习者感知胸部，感知在呼与吸的循环过程中胸腔的运动及其容量的改变。它可将意识内收。瑜伽带在胸腔上部时，可帮助肩胛骨前移，回归正确位置。

胸部捆绑瑜伽带可使我们对呼吸循环中胸腔运动的感知变得敏锐。这对调息练习非常有帮助。

→ 胸部下方捆绑 1 根瑜伽带。将瑜伽带适度收紧，给下部胸腔留出空间，深吸气时可以扩张。（图 1）

› 双眼闭合，缓慢深长地吸气。观察胸腔扩张时，胸部前侧的皮肤与瑜伽带的拮抗。

› 将瑜伽带向上移动到胸部上端，适度地拉紧。（图 2）

当然，也可以用 2 根瑜伽带分别捆绑胸部上部和下部，将这两个练习结合起来。不过，建议先从 1 根瑜伽带开始练习。

适用 从本质上说，所有体式都可以将1根瑜伽带捆绑在胸部上方来做。

图1　瑜伽带捆绑胸部下方的吉祥式

图2　瑜伽带捆绑胸部上方的吉祥式

变体18

调息时支撑下巴：运用卷起来的瑜伽带

辅 具

1根瑜伽带或绷带 

功效 瑜伽带支撑下巴可以缓解颈部的紧张，有助于稳定和平衡头部。

吉祥式对坐立调息来说非常重要，需要结合收颌收束法（*Jālandhara Bandha*）。如果下巴不能舒适地接触到胸部上端，可以用卷起来的瑜伽带或者绷带来做支撑。

→ 低头，下巴找锁骨，做收颌收束。测量下巴和锁骨窝之间的空隙。

› 将瑜伽带卷起来，大小正好能填满这个空隙。

› 胸部上提，将瑜伽带卷放到下巴下面，低头，轻轻夹住，在此保持体式（图 1，图 2）。

☼ 我个人更喜欢用卷起来的瑜伽带，因为绷带对于锁骨窝来说太宽了。

适用 所有调息坐立体式。

图1　下巴夹瑜伽带卷的吉祥式，前视图

图2　下巴夹瑜伽带卷的吉祥式，侧视图

雷电式（*Vajrāsana*）

在吉祥式、莲花式和束角式中大腿是外旋的。而在雷电式（和英雄式）中大腿是内旋的，膝关节是并拢的。

◎ 《瑜伽之光》一书中虽然没有介绍雷电式，但它是英雄式很好的准备练习体式，能为英雄式做好膝关节和脚踝的准备。

如果脚踝有损伤，可以如此体式的变体3所示方法支撑小腿。

变体1

脚踝、双膝并拢：用瑜伽带捆绑脚踝、双膝

辅　具

2根瑜伽带

3条瑜伽毯

功效　此体式（以及英雄式）可以锻炼足弓，缓解由于脚跟骨刺导致的疼痛。可以伸展脚踝和膝关节的韧带。瑜伽带的捆绑可以确保脚踝、膝关节的准确正位。膝关节后侧的瑜伽毯可以伸展膝关节的韧带，为屈膝动作创造空间。总之，此体式有益于保持膝关节的健康。瑜伽带的捆绑还可使双腿不费力地并拢，从而可在体式中长时间保持，最终使头脑平静。

在雷电式中双膝和脚踝应该并拢，我们用 2 根瑜伽带辅助练习：

→坐在瑜伽垫中间。如果瑜伽垫较薄，可将其折叠起来，这样会更柔软一些。（图中未示出）

› 将瑜伽带做成环状，套在双膝上端。将环扣挪到双腿之间，以便进入体式后方便调整。

› 将另一根瑜伽带做成环状，套在两脚踝处，稍稍拉紧，使脚踝松松地并拢，环扣放在双脚踝后侧之间的位置，以便进入体式后方便进行调整。（图 1）

› 跪立，身体前屈，抬起髋部和大腿。将 1 条折叠的瑜伽毯拉到小腿上方，塞入膝关节后侧。（图 2）

› 双脚向后伸展，坐在脚跟上。

› 两脚跖骨（脚背）中心线下压地面，使所有脚趾的趾甲（包括小脚趾）都接触地面。两大脚趾并拢，其他脚趾向两侧展开。

› 双手掌心向上，放松地放在大腿上。为了能更长时间保持体式，可在大腿上放 1 条折叠的瑜伽毯，抬高手掌的支撑。（图中未示出）

› 坐直，双肩后旋，胸腔打开。面部放松，双眼、下颌放松，双眼柔和地目视前方。（图 3）

> ☼ 调整瑜伽带时，要保持双腿并拢、正位，但不要施加压力。脚踝处的瑜伽带应该让脚踝内侧和外侧分别保持平行。

图1　瑜伽带捆绑脚踝、双膝

◎ 臀部下方可以放置另一条折叠的瑜伽毯，以便更好地保持脊柱下端的竖直，使体式更舒服。

图2　膝关节后塞入瑜伽毯

图3　进入雷电式

变体2

改善双脚的柔韧性：脚趾回勾、伸展

辅　具
2根瑜伽带
2条瑜伽毯

功效　此变体拉伸双脚，可以改善脚踝、跗骨、跖骨以及脚趾的柔韧性。对平足和患有脚跟骨刺者尤其有效。还可促进双脚的血液循环。

按变体 1 进入雷电式。

→ 雷电式坐立几分钟后，抬起骨盆，将脚趾回勾，向前伸展（朝向膝关节）。

› 保持双脚前屈（脚踝背屈），坐在脚跟上。（图 1）

☼ 在这个变体中双脚及脚趾会疼痛或者感觉有压力，学着耐心地承受片刻。随着练习的加深，双脚的柔韧性得以改善，疼痛感也会随之减弱。

图1　脚趾回勾、伸展的雷电式

变体3

双腿根部固定：瑜伽带捆绑腹股沟和脚踝

辅　具

1根瑜伽带

功效　腹股沟和脚踝的捆绑可创造大腿根部的收紧和体式的稳定，提升双膝的柔韧性。

→ 雷电式坐立，将瑜伽带做成环状，套住大腿根（腹股沟）和脚踝。将环扣调整到双腿之间。

› 拉紧瑜伽带，坐立几分钟。（图 1）

图1　瑜伽带捆绑腹股沟和脚踝的雷电式

可选动作

› 前屈进入脸朝下雷电式（*Adho Mukha Vajrāsana*），双臂向前伸展。（图 2）

☼ 在脸朝下雷电式中，瑜伽带辅助的向前拉伸可以使下背部打开，并释放下背部的压力。

图2　脸朝下雷电式

变体4

适合脚踝僵硬者的体式：增加小腿支撑

辅　具
2~3 条瑜伽毯
或2个瑜伽抱枕
和1条瑜伽毯

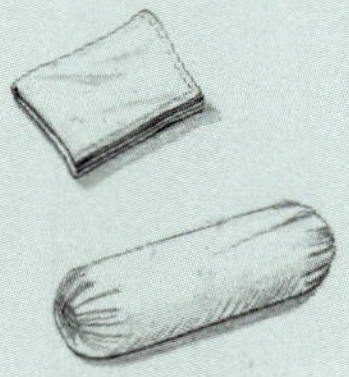

功效　小腿的支撑抬高了小腿和膝关节，使其高于双脚，可减缓脚踝的拉伸，使脚踝僵硬者可以承受。做此变体时，先尝试用瑜伽毯支撑小腿，如果此时的拉伸仍难以承受，则换成瑜伽抱枕支撑。随着练习的加深，慢慢地再尝试使用瑜伽毯；逐步尝试减少瑜伽毯的数量，直到可以直接坐在瑜伽垫上。

对有些人来说，直接坐在脚跟上可能会为脚踝前侧带来过度的疼痛（受跖屈的限制），此时应该控制脚踝伸展的程度。

→ 将 2~3 条折叠的瑜伽毯依次叠放，做成一个阶梯状平台。

› 雷电式坐立，小腿和脚踝前侧位于平台上，跖骨放在阶梯的边缘，脚趾放在地面上。（图 1）

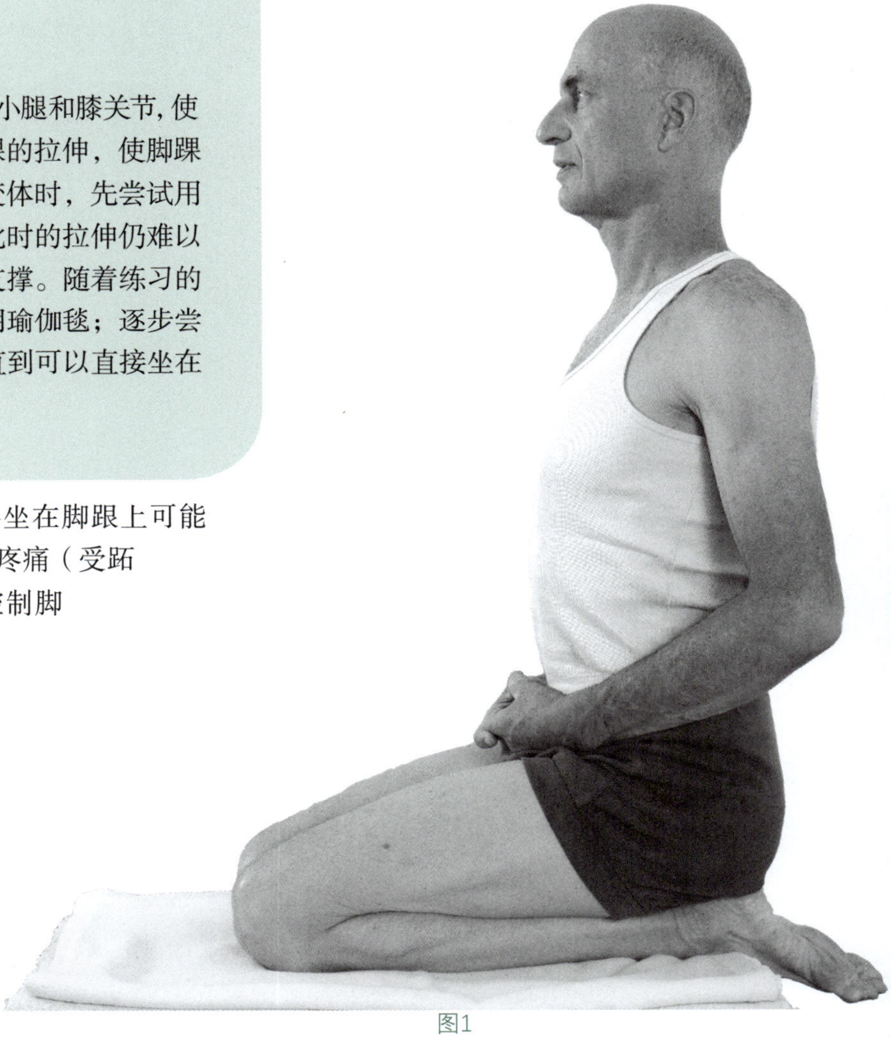

图1
小腿支撑
的雷电式

› 如果脚踝前侧的拉伸仍然太强烈，难以承受，则用 2 个瑜伽抱枕和 1 条瑜伽毯做成平台做此体式。（图 2）

适用 英雄式（*Vīrāsana*）。

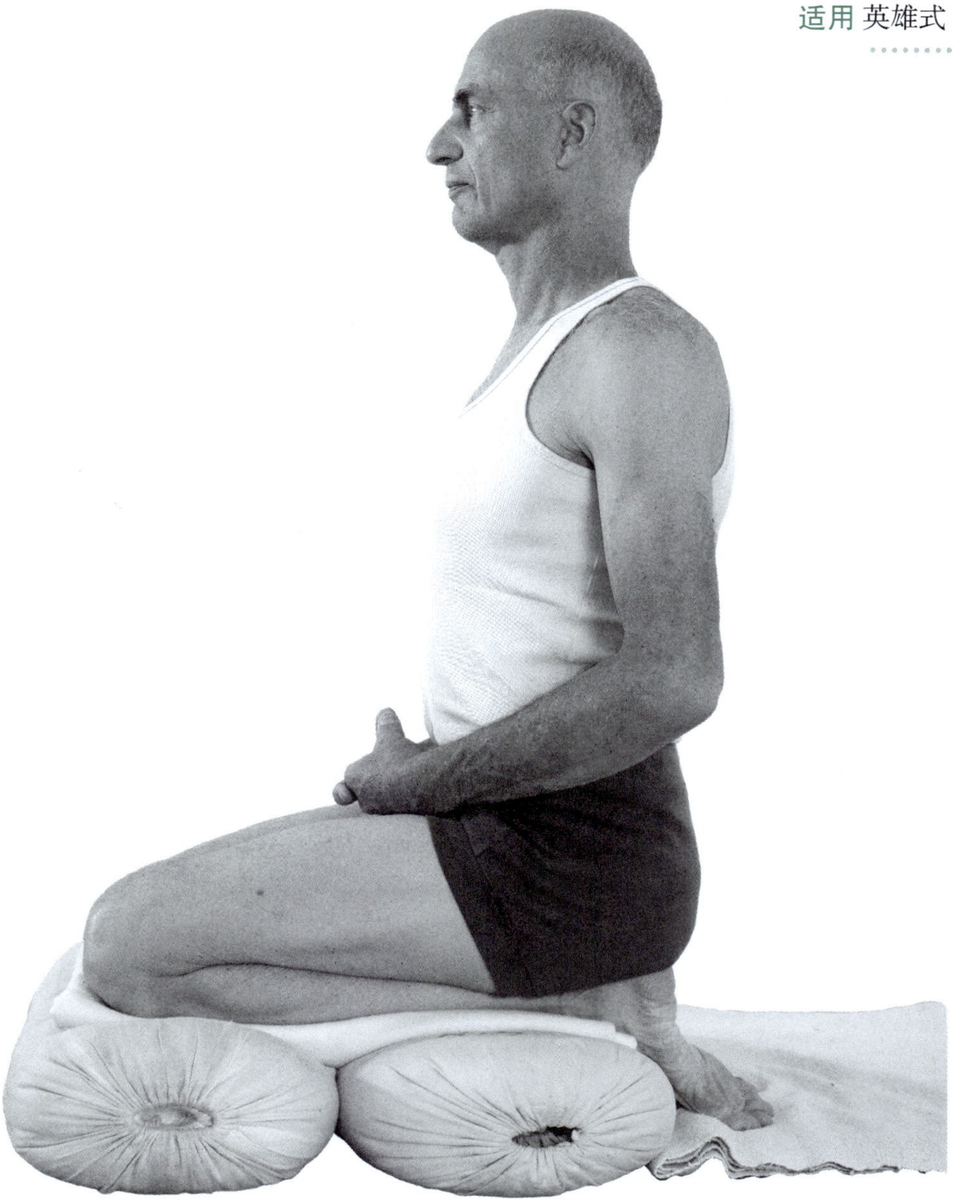

图2 小腿支撑抬高的雷电式

变体5

脚踝的伸展：抬高跖骨

辅　具

1条瑜伽毯

功效　抬高跖骨可以使脚踝前侧得到很好的拉伸。

在某种意义上，此变体与前一个变体正好相反——目的是使脚踝得到更多的伸展，从而获得更大的柔韧性（增加脚踝的跖屈的程度）。

→ 雷电式坐立，脚踝放在地面上，脚趾和跖骨抬高，放在1条折叠的瑜伽毯上。（图1）

› 可以如变体1那样使用瑜伽带捆绑双膝、双脚踝，也可将瑜伽毯塞进膝关节后侧（图中未示出）。

› 十个脚趾张开，铺放在折叠的瑜伽毯上。

适用 英雄式（*Vīrāsana*）。

图1　抬高跖骨的雷电式

英雄式（*Vīrāsana*）

英雄式是一个对称的坐立体式。在此体式中脊柱可以轻松地保持直立，并改善膝关节和脚踝的柔韧性。许多练习者发现虽然在吉祥式和莲花式中盘腿很困难，却能在英雄式中舒适地坐立。不过，此体式的基底较窄，坐立时容易侧倾，尤其是在闭上眼睛长时间坐立时。

⚠ 如果膝关节的韧带有损伤，请坐立在瑜伽抱枕上，或者用雷电式变体1替代。

变体1

展开大小腿肌肉：进入体式

辅　具

1条瑜伽毯
或1块瑜伽砖

→ 跪立，双膝并拢，双脚分开。

› 将支撑物放在双脚之间。

› 臀部放下时，用双手将小腿和大腿肌肉展开。从右腿开始：右手握住右小腿上端的肌肉，先将其拉向脚跟，然后外旋。同时，左手握住右大腿后侧，将其内旋。（图 1）

› 以同样的方式调整左腿。

› 慢慢坐下来，保持双膝并拢，两大腿对称地落于两小腿之间。

› 调整脚踝和双脚，使脚踝的内侧和外侧同等伸展（注意脚踝内侧没有被缩短），双脚顺着小腿的延长线伸展向后。

› 脚趾张开，确保小脚趾也接触地面。（图 2）

☼ 如果骶骨后倾，难以伸展向上，则加高臀部下方的支撑物。

图1　调整大腿、小腿，准备进入英雄式

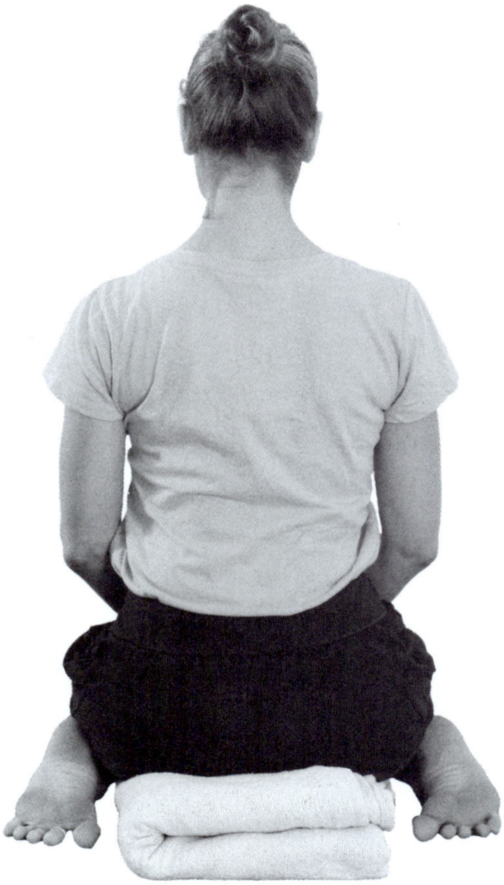

图2　脚趾张开，进入英雄式

› 将膝关节皮肤从下方拉向上方，放松膝关节的皮肤。双膝外旋。膝关节内侧和外侧保持等高。

› 坐在坐骨顶端。脊柱向上伸展，胸腔打开，目视前方。（图3）

◎ 要保持对身体的敏感。如果感觉膝关节或者双脚过度疼痛、不适，不要强行进入体式。应起身跪立，加高坐垫，再次尝试。如果保持规律练习此体式，假以时日就能降低坐垫的高度。

图3　英雄式

变体2

根基收紧：捆绑双腿

辅 具

1~2根瑜伽带
1条瑜伽毯或
1个瑜伽抱枕
1片杠铃片（可选）

功效 双腿捆绑瑜伽带可使双膝、双腿不费力地保持并拢，通过创造收紧的根基保持体式的稳定。

英雄式可以用于调息和冥想练习。双腿捆绑瑜伽带有助于双膝、双腿保持并拢，创造收紧的根基。

→英雄式坐立在折叠的瑜伽毯上，双膝微微抬起，将双膝套在瑜伽带做成的环中。

› 大腿外旋，直到大腿前侧中线完全朝上。小腿外旋，小腿骨外侧和双脚外侧垂直于地面。（图 1）

› 也可以将杠铃片（不要超过 30 千克）放在大腿上。（图中未示出）

杠铃片可增加体式的土元素，从而创造稳定和安静，也可增大双膝的活动空间。

适用 卧英雄式（*Supta Vīrāsana*）。

☼ 瑜伽带可放在不同位置以获得不同的效果。也可以用多根瑜伽带同时获得多种效果。例如，可将一根瑜伽带捆绑大腿下端，另一根捆绑大腿上端。

☼ 使用2根瑜伽带时，上面的瑜伽带可以稳定大腿根部，从而使下腹部放松，下面的瑜伽带则可以使双膝保持并拢。

图1　捆绑双腿的英雄式

变体3

根基收紧：捆绑骨盆和双膝

辅　具

1根瑜伽带

1个瑜伽抱枕或

1条瑜伽毯

功效　瑜伽带横向捆绑骨盆和双膝，建立体式根基的外部结构。瑜伽带对骶骨带的支撑有助于脊柱不费力地在体式中伸展并保持稳定。

这是另一种保持长时间坐立的支撑方式：

→ 选择合适的支撑物（1个瑜伽抱枕或1条折叠的瑜伽毯），坐在上面，进入体式。

› 用1根瑜伽带横向捆绑骨盆和双膝，身体微微前屈，使骶骨前倾，收紧瑜伽带，然后坐直。

›瑜伽带应为骶骨和双膝提供支撑。（图1）

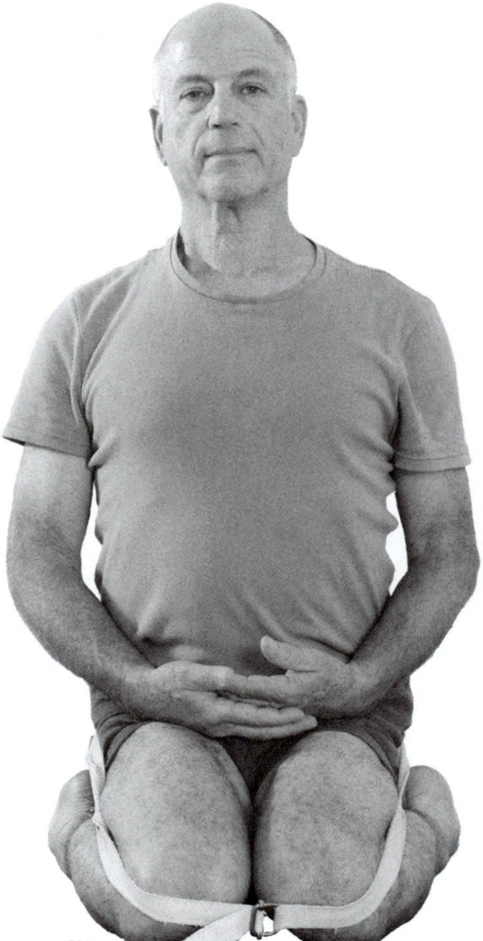

图1　捆绑骨盆和双膝的英雄式

在英雄式中双手直接放在大腿上可能会使双肩内旋，从而影响胸部的拓宽。在大腿上放 1 个瑜伽抱枕，给双手提供更好的支撑，可避免这一问题的出现。这对在英雄式中长时间停留尤其有效。

变体4

双手支撑：瑜伽抱枕放在大腿上

辅　具

1个瑜伽抱枕

图1　瑜伽抱枕放在大腿上的英雄式

→ 进入体式，坐好。将 1 个瑜伽抱枕横放在大腿上，双手手背放在抱枕上面。调整手臂位置，使肘部位于双肩正下方，与手掌同高。

› 双手距离与肩同宽，掌心向上，放在抱枕上。

› 肱二头肌和肩部内侧外旋，脊柱向上伸展，胸部拓宽，双眼柔和地看向前方（图 1），或者闭合。

莲花式
（*Padmāsana*）

Padmāsana，即莲花式，是经典的“坐姿之王”。谁不渴望如佛陀或古代的瑜伽士那样坐在莲花式中呢？的确，如果真正地做好，此体式就能带来稳定（*sthirata*）和舒适（*sukhata*）。当描述最适合调息的坐姿时，B.K.S. 艾扬格大师说道：

> “虽然很多体式都可以用于练习调息和冥想，但以我个人的体验，莲花式是坐姿之王。它是调息和冥想成功的关键。在莲花式中，身体的四个部分（下肢、躯干、手臂以及颈部和头部）都处于均匀、平衡之中，头部也完全处于脊柱正上方，带来心灵的宁静。
>
> 脊髓流过脊柱。在莲花式中，脊柱和两侧的背脊同步、同节奏、同时调整到正位。生命的普拉那能量均匀地流动，恰当地分配到全身各处。
>
> 在至善式（*Siddhāsana*）中，脊柱的上部比脊柱其他部分得到更多伸展，而在英雄式（*Vīrāsana*）中则是腰部伸展得较多。有些体式可能会更舒适，但是就精准度和有效性而言，莲花式是其中最好的。在莲花式中，大腿的位置低于腹股沟，下腹部保持伸展，耻骨和横隔膜之间的空间最大，两肺可以充分扩展。采用莲花式时，练习者应该特别留心下半身三个重要的关节：髋关节、膝关节和踝关节，它们应能不费力地活动。”（《调息之光》，第11章，第13~15段）

莲花式的确是一个非凡的体式。但它同时也是一个极具潜在风险的体式，如果练习不当，有可能导致膝关节的损伤。常言“冲动是魔鬼”，对于莲花式完全适用。要练习莲花式，脚踝、双膝和髋部都必须做好准备，避免损伤。损伤一旦发生，要想恢复则可能需要数年时间。

髋关节是球窝关节，膝关节是铰链关节。球窝关节可以在任何方向活动，而铰链关节只能在一个方向、一个平面内活动。莲花式中双腿的交盘必须从髋关节的外旋开始。如果大腿骨充分外旋，脚自然就能放到对侧大腿上，并调整到大腿根部，而不对膝关节和脚踝造成过多压力。（图1）不过，如果髋关节的灵活度不够（图2），试图强行进入体式，则会损伤膝关节或者脚踝。

⚠ 如果膝关节或脚踝有损伤，请不要练习此体式。

图1　髋关节外旋，准备进入莲花式

图2　不要强行进入莲花式

莲花式准备序列

这里给出的练习序列可为进入莲花式做准备。跟随这一序列，可以循序渐进地、安全地进行练习，最终进入莲花式。对已经可以进入莲花式的练习者，它可以作为热身练习。如果现在还不能进入莲花式，要练习此序列，或选择某几个体式练习几个月甚至几年，才可能完成最终体式。记住，膝关节内部或者周围疼痛，则表明体式做错了，这种疼痛是有害的，不需要承受。无论何时，一旦感受到这种疼痛，立即停下，或者调整你的练习，或者寻求有经验老师的帮助。练习此体式不仅需要坚持不懈，更需要耐心、敏锐和谨慎。

体式1

脸朝下的吉祥式

功效 此准备体式可以拉长臀部肌肉，活动髋关节。先屈右腿时，左侧臀部的拉伸更强烈一些。

→ 手杖式（*Daṇḍāsana*）坐立，先屈右腿，再屈左腿，进入吉祥式。

› 身体前屈，手臂向前伸展，前额落于地面，或者折叠的瑜伽毯上。保持体式几分钟。（图 1）

› 起身，回到吉祥式。

› 交换双腿折叠顺序，重复此体式，保持相同时长。

图1　脸朝下的吉祥式

体式2

脸朝下的束角式

辅　具

1根四棱柱（可选）

1块瑜伽砖（可选）

1个瑜伽抱枕（可选）

功效　此体式可以活动髋关节，拉长内收肌。

→ 束角式（*Baddha Koṇāsana*）坐立。大腿外旋，双膝关节向后拉，并向地面下压。

› 保持一会儿。身体前屈，前额落于地面，进入脸朝下的束角式。（图 1）

› 如果身体前屈比较困难，则可找 1 根四棱柱（或者桌子腿、较低的墙钩），双手对称地握住立柱，将身体向前拉。

› 前额落于地面，或者落于适当的支撑物（瑜伽砖或者瑜伽抱枕）上，进入脸朝下的束角式(*Adho Mukha Baddha Koṇāsana*)。(图 2)

图1　脸朝下的束脚式

图2　双手握住四棱柱脸朝下的束脚式

体式3

半莲花加强前屈伸展式

辅 具

墙面

功效 站立时，弯曲腿的膝关节在重力作用下远离髋关节，为髋部和膝关节创造了更大空间。大腿能更自由地从根部转动，从而避免了膝关节或者脚踝的不当动作。

半莲花加强前屈伸展式（*Ardha Baddha Padmottānāsana*，参见《瑜伽之光》，图51）是站立体式，一条腿折叠进入莲花式，并用对侧手握住它。现在是为坐立的莲花式做准备，我们可以靠墙练习，身体不必前屈。

先做右侧：

→ 离墙几厘米，背对墙面站立，臀部向后靠在墙上。

› 屈右腿。右手、左手分别握住右脚脚踝外侧和右脚外侧。（图1）

› 用手在帮助将右脚抬起的同时将右大腿外旋，右脚脚踝外旋。将右脚尽量抬高，放到左大腿上端。

› 右膝在放松向下找地面的同时向后找墙面。（图2）

☼ 屈腿时双手分别握住脚踝和脚的外侧，将大腿从髋关节开始轻柔地外旋，使之就位。双手好像捧着圣物一样，全神贯注，心无杂念。

图1　一条腿折叠，准备进入半莲花式

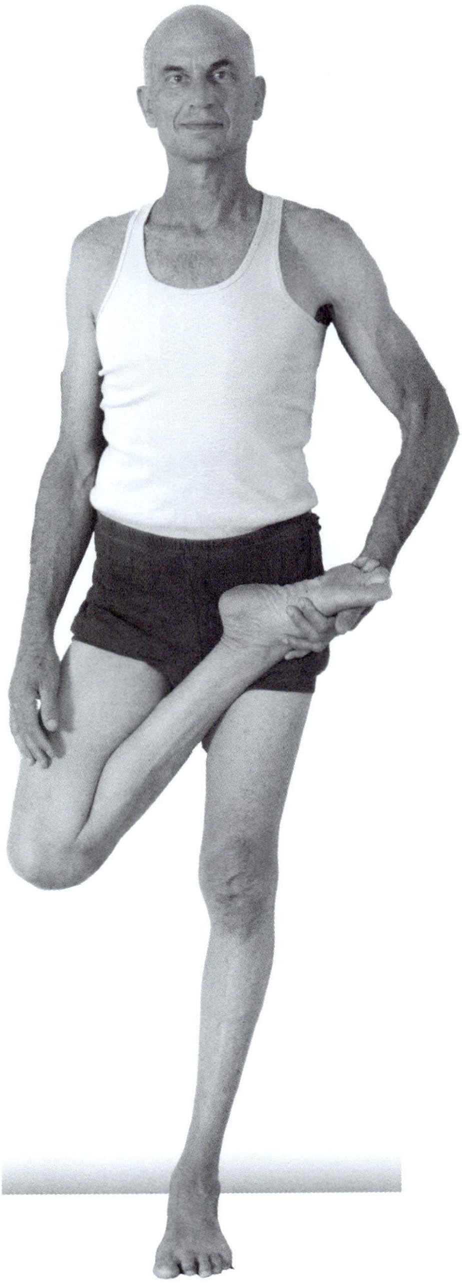

图2　进入半莲花式

体式4

卧手抓脚趾腿伸展三式

辅　具

墙面
1根瑜伽带
1个瑜伽抱枕（可选）

功效　此体式能创造髋关节周围肌肉（包括臀肌）和韧带的长度，为大腿在髋关节处的活动带来更多的灵活性。

这是《瑜伽之光》中的卧手抓脚趾腿伸展式（《瑜伽之光》，图286）中的第二个动作。

右腿做体式：

→ 双脚抵墙，仰卧。

› 右脚套一根瑜伽带，用右手握住。右腿弯曲，向外转。

› 右肘向后移动到头后，右大腿向外转。

› 左手握住右脚，或者左肘窝抱住右脚，将其向胸前拉，右小腿移向胸的上部，右脚移向左肩。

› 小腿和大腿保持90°，并使小腿与胸的上部平行。

› 左腿保持伸展，左脚蹬墙，大腿压向地面。

› 如果可能，眼睛从右小腿上方看向左腿。（图1）

› 图2所示是左侧做体式。

◎ 此体式有一个较容易的变体：一侧腿弯曲上抬时，另一侧腿弯曲，脚踩到地面上。

◎ 也可以在背后放置1个或者2个瑜伽抱枕，支撑上背部或中背部。

☼ 将股骨头拉进髋臼，从髋关节开始将大腿外转。

☼ 右脚打开，保持脚踝和脚内侧的伸展。将右脚拉向身体时，右膝要远离身体。

☼ 保持躯干右侧的长度，胸部向上。头部不要左右倾斜，应与脊柱对齐。

图1　卧手抓脚趾腿伸展三式

（*Supta Padaṅguṣṭhāsana* Ⅲ，*Supta Akunchāsana*）

图2　瑜伽带辅助的卧手抓脚趾腿伸展三式

体式5

坐立手抓脚趾腿伸展式

辅　具

1个瑜伽抱枕
1条瑜伽毯（可选）

功效　和体式4类似，但这里躯干在上。由于受地心引力的作用，使此体式的效果更加强烈。

手抓脚趾腿伸展式可以以俯卧、坐立以及站立的方式来练习。在这三种方式中，髋部的动作是相同的：大腿从髋部向外打开，脚移向对侧肩部。在日常练习中可以根据需要选择其中 1 或 2 种进行练习。

右腿做体式：

→ 准备 1 个瑜伽抱枕，横放。如果有必要，还可以用 1 条折叠的瑜伽毯支撑右膝外侧。

› 右腿弯曲，右臀放在瑜伽抱枕上，右脚放在瑜伽抱枕前方，与左肩对齐。调整右小腿与胸部平行。大小腿呈 90°。

› 左腿向后伸展，左大腿前侧上提。

› 躯干右转。左髋前移，与右髋在一条直线上，以此保持躯干的正位。

› 双手撑地，躯干尽量直立，胸部上提，目视前方。（图 1）

图1　坐立手抓脚趾腿伸展式

（*Padaṅguṣṭhāsana*，*Akunchāsana*）

体式6

瑜伽椅支撑腿的手抓脚趾腿伸展式

辅　具

1把瑜伽椅

1条瑜伽毯

功效　瑜伽椅对腿的支撑，分担了髋关节的部分负荷，使髋关节周围的肌肉得到放松。

右腿做体式：

→ 准备 1 把瑜伽椅，在椅座上铺 1 条折叠的瑜伽毯。面对瑜伽椅坐立，右小腿抬起，平放在椅座上，使右脚接近左肩。

› 双手握住瑜伽椅椅背向身前拉，利用其拮抗力上提背部，并将躯干向前，即向瑜伽椅的方向移动。（图 1）

◎ 如果小腿够不到椅座，则可将臀部垫高。

› 如果可能，身体前倾，使胸部接近小腿。（图 2）

图1　瑜伽椅支撑腿的手抓脚趾腿伸展式
（*Padaṅguṣṭhāsana*，*Akunchāsana*）

图2　身体前倾的手抓脚趾腿伸展式

体式7

站立手抓脚趾腿伸展式

辅 具

1把高瑜伽凳

1条瑜伽毯

功效 在卧手抓脚趾腿伸展三式，即体式4中，髋部肌肉得到拉伸，但是大腿旋转动作的幅度较小，拉力不当，有可能对膝关节内侧施加压力。在此体式中腿部上抬，创造了必要的股骨外旋，而且避免了上述问题的发生。

右腿做体式：

→ 将 1 条折叠的瑜伽毯铺在高瑜伽凳上。凳子应与髋同高。（如果瑜伽凳不够高，可在凳上多铺几条瑜伽毯。如果瑜伽凳太高，练习者则可站在瑜伽砖上。）

› 面对瑜伽凳站立，将右小腿平放在瑜伽凳上，使右脚与左肩对齐。

› 双手下推瑜伽凳，胸部上提。（图 1）

› 身体前倾，俯卧在右腿上，胸部靠近右小腿。（图 2）

◎ 如果没有合适的瑜伽凳，可以用厨房的操作台，或者桌子替代。

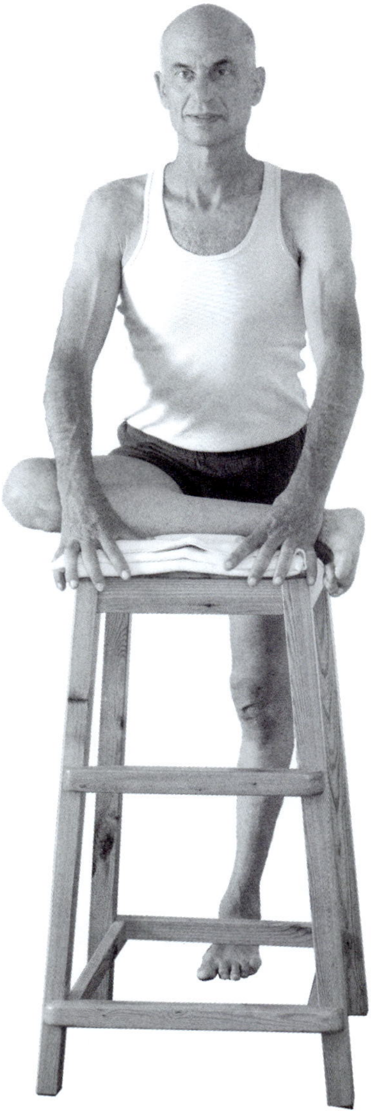

图1　站立手抓脚趾腿伸展式

(*Padaṅguṣṭhāsana*，*Akunchāsana*)

图2　身体前倾的站立手抓脚趾腿伸展式

体式8

半鱼式（或者仰卧半莲花式）

辅 具

2根瑜伽带

1~2条瑜伽毯（可选）

功效 仰卧时，髋部和臀部没有负重，大腿的活动更自由，从而可以非常温和地进入半莲花式。

如果练习者的膝关节比较敏感，建议用瑜伽带将膝关节捆绑起来，以获得更多的稳定，从而保证膝关节的安全，避免对它的伤害。

右腿做体式：

→ 仰卧，右膝弯曲，右大腿后侧对准小腿肌肉。用瑜伽带将膝关节捆绑起来，防止右小腿向侧面滑动。（图 1）

› 大腿从髋部外旋。可用双手辅助，加强大腿的旋转。

› 右脚踝套上 1 根瑜伽带，双手用力，借助瑜伽带将右脚拉向左大腿根。左手拉力略大一点（即拉右脚踝外侧的力大一点），使右脚踝和右小腿由内向外转。

› 右脚尽量沿左大腿上移。

› 右膝向地面方向沉降。（图 2）

◎ 腿的旋转应始于髋关节。不要用力去拉脚，以免伤害膝关节！膝关节不要有任何不舒服的感觉。

图1　准备进入捆绑膝关节的半鱼式（*Ardha Matsyāsana*）（或者仰卧半莲花式，*Supta Ardha Padmāsana*）

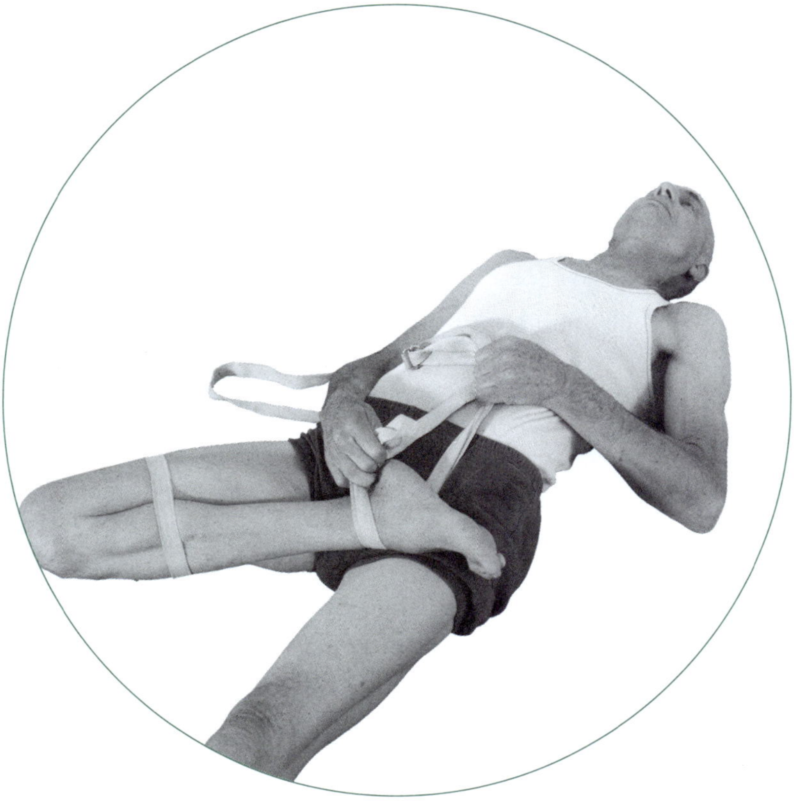

◎ 如果无法转动大腿或无法将脚放到对侧大腿上，则说明练习者还没有准备好练习此体式。此时，请继续练习前面的准备体式。

图2　进入捆绑膝关节的半鱼式

体式9

鱼式（或者仰卧莲花式）

辅　具

2~3根瑜伽带 

2~3个瑜伽抱枕（可选）

> ⚠ 如果左脚低于右膝，不要强迫将其放到右大腿上。可以用瑜伽抱枕支撑左大腿。

双腿分别重复几次半鱼式，待膝关节的确能够接近地面时，可继续尝试进入鱼式（*Matsyāsana*）（或者仰卧莲花式，*Supta Padmāsana*）。我们在这里只演示鱼式的简单变体，身体仰卧，平躺于地面上（参见《瑜伽之光》，图 114）。

右腿做体式：

→ 如体式 8 一样，屈右腿，进入半鱼式。

› 屈左腿。与前相同，左大腿向外转，将左脚移动到右膝内侧上方。如果可以，则温和地将左脚拉向右腹股沟。（图 1）

› 双腿交盘后，双膝放松，向地面方向沉降。手臂伸展过头。在体式中休息，放松。

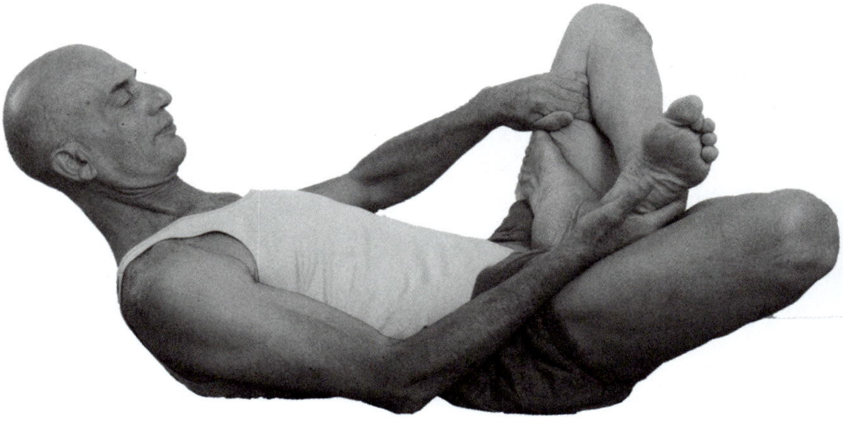

图1　准备进入鱼式

› 如果双膝难以落下，或者感觉有压力、酸疼，则可用 2~3 个瑜伽抱枕叠放支撑大腿，使双膝落于瑜伽抱枕上，放松。（图 2）

◎ 双膝可分别捆绑1根瑜伽带。（图2）

图2 双膝落于瑜伽抱枕上的鱼式

图3 双膝落于地面上的鱼式

› 如果身体更灵活了，双膝可以靠得更近一些，则可以直接落于地面。（图 3）

› 也可用另一根瑜伽带将双膝捆绑起来。将瑜伽带温和地从左向右拉紧，使双膝靠得更近。（图中未示出）

体式10

从半莲花式到全莲花式

辅　具

2根瑜伽带（可选）
2条瑜伽毯（可选）

这里也可用瑜伽带稳定双膝（参见体式9）。

右腿做体式：

→手杖式坐立。屈右腿，右手握住右大腿内侧（接近膝关节），左手握住右脚踝外侧。

› 右大腿向外转，将右腿向身前拉，同时将右脚踝向外转，将右脚放到左大腿上端。

› 屈左腿，将左脚放在右膝下，进入半莲花式（*Ardha Padmāsana*）。（图 1）

> 如果此时右膝高于左脚，则暂时不要进入全莲花式。将左脚放在右膝前折叠的瑜伽毯上，右膝放松，下落。（图2）

图1　半莲花式（*Ardha Padmāsana*）

图2　准备进入全莲花式（*Padmāsana*）

两侧腿分别练习几次后，则可以尝试进入全莲花式：

→ 半莲花式坐立，右脚放在左大腿上。

› 屈左腿，并以与右侧相同的方式握住左腿。左大腿向外转，将左脚向回移，靠近右膝。

› 如果右膝落在地面上，左脚则可以很容易地抬起放到右大腿上，然后将左脚沿右大腿向上挪动，最终放到右大腿根部。

› 当双脚可以分别放在对侧大腿上端时，则可以试着调整双膝的位置，使之靠近。

› 可用卷起的瑜伽毯支撑左膝，并在臀部下方垫 1 条薄瑜伽毯，以使体式更加舒适、稳定。

› 脊柱保持直立。保持此体式，使身心放松、安静，双手可选择一个合适的手印。（图 3）

☼ 将左脚移向右大腿上方时，左膝不要抬起，左脚尽量沿地面以圆弧状滑动。左大腿保持外旋，以便抬起左脚，将其放到右大腿上。

◎ 如果需要，用1条折叠的瑜伽毯支撑右膝。

图3　全莲花式

前伸展体式

Paśchima Pratana Sthiti

前伸展体式可以拉伸双腿和背部的长肌肉，按摩腹部器官；可以活动骨盆区域的关节，促进骨盆区域的循环，改善生殖和消化系统的功能。前伸展体式对于女性尤为有益。它们有助于调整月经周期。在心理层面上，它们是冷静和放松的。后弯体式在本质上是充满活力的，练习后弯体式可以打开胸腔，并为之注入能量；而练习前伸展体式则可以使头脑冷静，得到安抚。因此，如果感觉悲伤，或者有抑郁的情绪，则可练习后弯体式；如果感觉易怒，过度活跃、急躁，那就练习前伸展体式吧！

最终，练习者可以在前伸展体式中长久地保持（3到10分钟），脊柱得到很好的伸展，前额落于小腿。如果达到这个状态，呼吸将毫不费力，平静、被动，人也会更加内敛、谦卑。

在《勇者的沉思》中皮萨诺写道：

> “在前伸展中，头沉向双膝或者更远处，象征着臣服。前脑的感知消退，代之以对大地的敬意。身心完全放空。”

吉塔·艾扬格认为前伸展能够：

- 将大脑和心脏带到休息状态
- 舒缓神经，平静意识
- 刺激消化系统，缓解胃酸过多、胃胀气、恶心、呕吐等症状
- 促进肾上腺、性腺、卵巢的健康
- 调节或者缓解：高血压、过度紧张、焦虑、易怒、头痛、失眠、近视和青光眼、疲劳、虚弱、低烧等

B.K.S.艾扬格大师也对前伸展体式对心脏的功效给出了解释。他说道，人直立时心脏是立着的，位于脊柱前方；而动物四肢着地，它们的心脏是水平的，位于脊柱下方。心脏处于水平位能使之放松。在前伸展体式中，心脏和脊柱都是水平的，更接近大地，有益于心脏的健康和血压的调整。

◎ 对每个变体所需使用的辅具，我们只给出了最少的建议。如有下面情况发生，可选用更多的辅具：

- 如果手杖式坐立时腰椎下塌，臀部用折叠的瑜伽毯或者其他物品支撑。
- 如果在前伸展时手够不到脚，用瑜伽带套住脚，手抓瑜伽带。
- 如果在最终体式中前额够不到腿，可使用瑜伽毯支撑前额。

俯英雄式

（*Adho Mukha Vīrāsana*）

俯英雄式是一个温和的前伸展体式。任何人，即便是腘绳肌比较紧的练习者，也能体验到前伸展体式的安抚效果。前额沉落地面，可以使大脑放松，意识内收。因此，在课堂上经常作为最开头的体式练习，它能使我们迅速安静下来，感觉自己的身体和呼吸。在此体式中我们学习如何运用手臂将整个躯干向前拉伸。在俯英雄式中手臂的动作很像在下犬式（*Adho Mukha Śvānāsana*）中的动作，但负重更少，因此它是下犬式很好的准备体式。

《瑜伽之光》（图92）中此体式作为英雄式循环中的一个体式，双膝并拢，臀部落于双脚跟之间的地面上，作为开始练习的准备，或者后弯体式（或者其他费力体式）后的放松。俯英雄式双膝通常是分开的。因此我们在此给出的大部分变体双膝也是分开的。我们也给出了一个经典的体式（如《瑜伽之光》中那样）。

练习者可根据练习目的，选择大脚趾并拢，臀部坐在脚跟上（图1）；或者双脚分开，相互平行，臀部落于两脚跟之间的地面上（图2）。第一种方式更放松一些，因为膝关节的活动和脚踝的伸展更少一些。不过，如果希望膝关节和脚踝得到更强一些的效果，则应选择第二种方式进行练习。

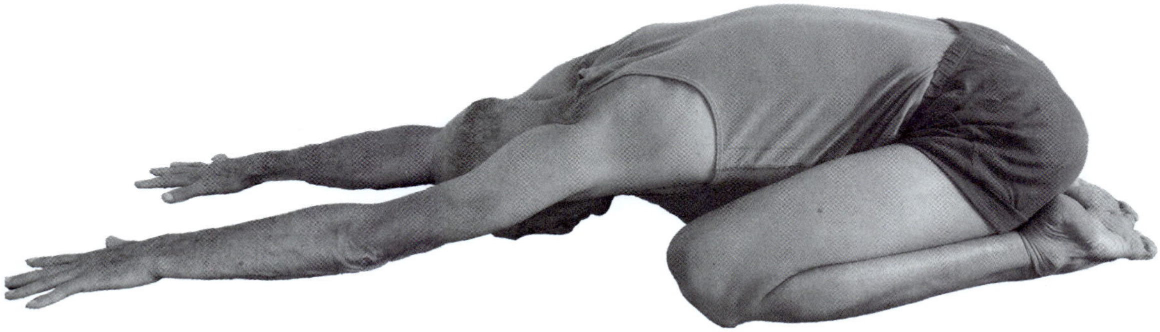

图1　大脚趾并拢的俯英雄式

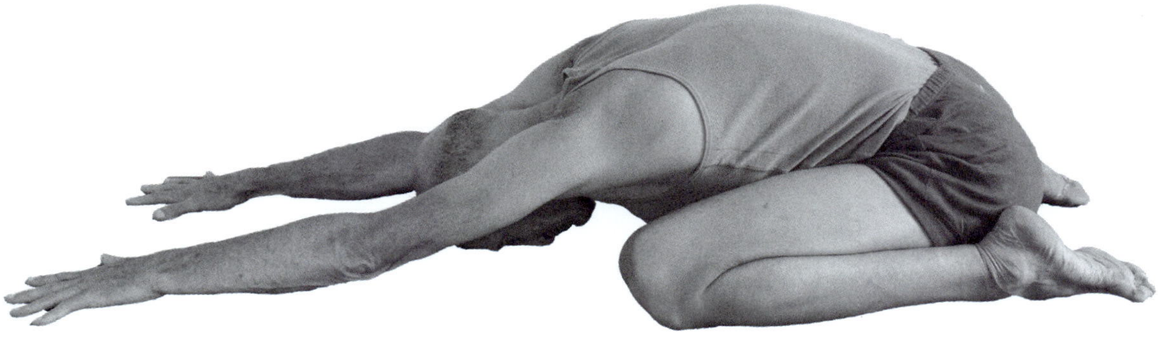

图2　双脚分开的俯英雄式

变体1

固定骨盆：搭档用瑜伽绳向后拉

辅 具

1根瑜伽绳

1位搭档

功效 瑜伽绳向后的拉力可以稳定骨盆和髋关节，为躯干向前拉伸提供稳固的根基。搭档双手对练习者背部施力，可以使练习者觉知到身体较僵硬部位，从而放松这些部位的肌肉，为后侧肋骨区域创造空间。

→ 练习者：英雄式坐立，将 1 根瑜伽绳放在腹股沟前侧，瑜伽绳的两端向后伸出，来到骨盆两侧。

› 搭档：在练习者身后坐立或者站立，双手握住瑜伽绳的两端，抓握处尽量接近练习者的骨盆带，柔和地慢慢向后拉，稳定练习者的骨盆。

› 练习者：前屈进入俯英雄式，躯干向前伸展。（图 1）

› 搭档：双手掌放在练习者的骶骨带，身体柔和地前倾，下压骶骨，使骨盆下移。（图中未示出）

> 对练习者背部施压时应特别谨慎。先将双手放到其背部，但不要施压，然后慢慢地、逐渐地施加力量，要根据对方的反应随时调整力量的大小。

图1　搭档拉瑜伽绳的俯英雄式

变体2

向前伸展：双腿捆绑，双手放在瑜伽砖上

辅　具

2块瑜伽砖

2根瑜伽带

1条瑜伽毯（可选）

1把瑜伽椅（可选）

1个瑜伽抱枕（可选）

功效　双腿捆绑有助于固定骨盆，使臀部下移（很像变体1中搭档在背部施力的作用）。双手的支撑有助于胸部的扩展，躯干向前伸展并向地面沉降。

→ 将2块木质瑜伽砖竖向放在面前，两砖相互平行，与肩同宽。

› 臀部坐在脚跟上，双膝分开。将两大腿根分别用瑜伽带与同侧脚踝套住。拉紧瑜伽带，使大腿根下移。（图1）

◎ 练习者可以用一张倒置的瑜伽椅支撑双臂。也可以用1个瑜伽抱枕或者几条折叠的瑜伽毯来支撑前额（参见本体式变体6）。

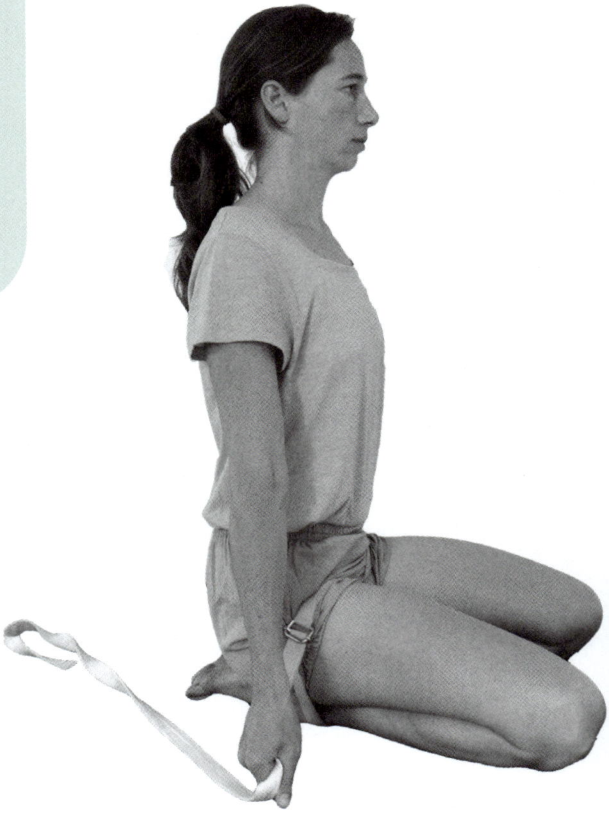

图1　捆绑双腿，准备进入俯英雄式

› 身体前屈，双手手掌放在瑜伽砖上，向前伸展，将瑜伽砖向前滑动，加深身体的伸展。（最好不要将瑜伽砖放在瑜伽垫上，以方便其滑动。）

› 抬头，目视前方，手臂从腋窝处向前伸展，大臂内旋（肱三头肌转向地面，然后收向脸的方向）。双手下压瑜伽砖，胸部扩展，中背部向地面沉降。

› 额头落于地面。（图 2）

› 如果额头不能舒适地落于地面，则用折叠的瑜伽毯支撑头部，前额落于其上。（图 3）

☼ 小腿骨中线应接触地面。双膝不要分开太大，以免小腿内旋太多，使腹股沟变得僵硬。

☼ 前额下端（眉毛处）落地，以使大脑得到彻底放松。如果做不到，则用瑜伽毯、瑜伽抱枕或者瑜伽椅支撑前额。

图2　瑜伽砖支撑双手的俯英雄式

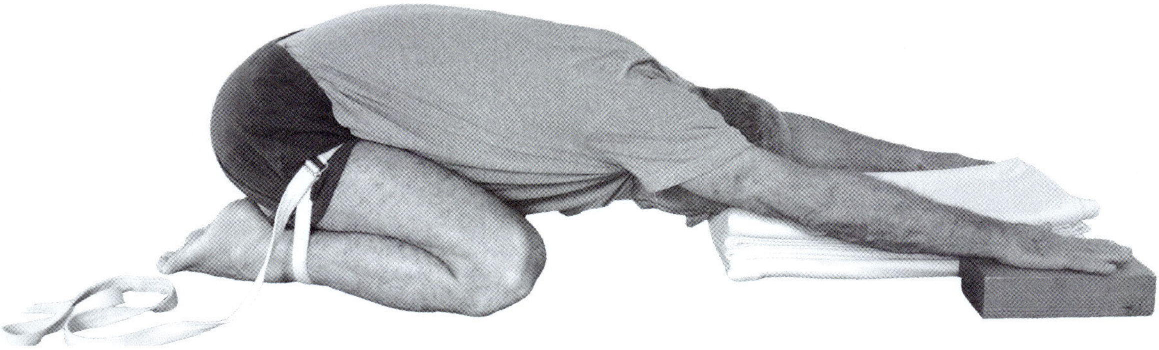

图3　瑜伽毯支撑额头的俯英雄式

变体3

向前伸展：搭档帮助躯干向前拉伸

辅　具
1位搭档

功效　搭档帮助练习者将身体向前伸展，脊柱和躯干可以得到很好的被动拉伸。练习者可以感觉当背部肌肉放松、柔软时，躯干是如何被伸展的。

给搭档的指导：

→ 练习者进入俯英雄式后，让其微微抬起躯干，将大拇指放在练习者的腹股沟前侧，固定住骨盆。

› 让练习者双手握住你的脚踝，然后抬起你本侧的脚跟，将脚后移。腿慢慢后移，直至练习者感到躯干得到良好拉伸时，脚跟落地，加强拉伸的程度。

› 可以选择将双手手掌放在练习者背部，慢慢挪动、轻微施压，使其背部变得柔软、平顺。（图 1）

◎ 有时只是将大拇指放在练习者的腹股沟前侧的力量可能不足以将其骨盆固定住，这时可将双手手掌放在其骶骨带处，以加大力量。

图1　搭档帮助的俯英雄式

变体4

克服脚踝僵紧：抬高小腿

辅　具
3~4条瑜伽毯
1个瑜伽抱枕

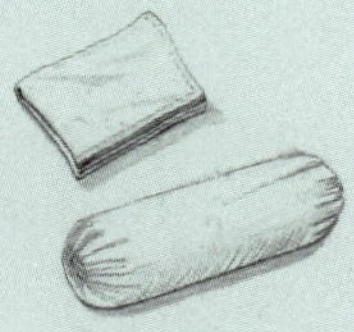

功效　抬高小腿可降低此体式的难度，使脚踝僵硬者也能顺利完成体式。坚持练习，可以提高脚踝的柔韧性。由于腿部被抬高，通常需要瑜伽抱枕来支撑前额。

→ 准备 3~4 条折叠的瑜伽毯，做成阶梯状，形成一个平台。

› 在此平台上跪立。脚背落于平台的阶梯状边缘处。俯身向前，进入体式。如果需要，可用瑜伽抱枕支撑前额。（图 1）

图1　抬高小腿的俯英雄式

变体5

拉伸骶骨带：双膝保持并拢

辅　具
1条瑜伽毯或
1个瑜伽抱枕

功效　在体式中双膝打开会更放松，腹部器官可以得到扩展。双膝并拢，骶骨带得到拉伸，腹部器官受到挤压，从而刺激消化系统。练习者的前额即便无法直接落于地面，用瑜伽毯等支撑前额，也能享受到这个体式所带来的益处。

在此变体中双膝保持并拢，与《瑜伽之光》（图92）中的演示类似。这里我们运用辅具，可在体式中更加放松地保持更长时间。

→ 准备1条折叠的瑜伽毯，放在面前。英雄式坐立，双膝并拢，臀部坐在两脚跟之间的地面上。

› 身体前屈，前额放在瑜伽毯上。手臂向前伸展，拉伸躯干。

› 腹股沟变得柔软，大腿和臀部向地面方向沉降。

› 然后头部下落，如《瑜伽之光》（图92）中那样将双手手掌分别放在同侧脚掌上。（图1）

◎ 如果折叠的瑜伽毯太低，额头不能舒适地落于其上，则可采用更高的支撑物，如瑜伽抱枕。

图1　双膝并拢的俯英雄式

变体6

疗愈性俯英雄式：支撑身体

辅　具
3个瑜伽抱枕
数条瑜伽毯
2~4块瑜伽砖
1把瑜伽椅

功效　支撑腹部和前额可使体式变得非常放松，向前的伸展拉长了躯干，为腹部、内脏和胸腔创造了更多空间。呼吸可以充满腹部和胸腔。对腹部的支撑还能使下背部放松。

对大多数人来说，俯英雄式是放松的。有了支撑，此体式就变成了疗愈性的，能够使人安静下来。如果练习者的髋部和膝关节僵紧或者有损伤，没有支撑就可能难以完成此体式，甚至可能会在体式中感到疼痛。有了瑜伽抱枕的支撑，则可轻松地进行练习。

单个瑜伽抱枕横向支撑

→将瑜伽抱枕横向放在面前。进入体式，前额和双肘落于瑜伽抱枕上。（图 1）

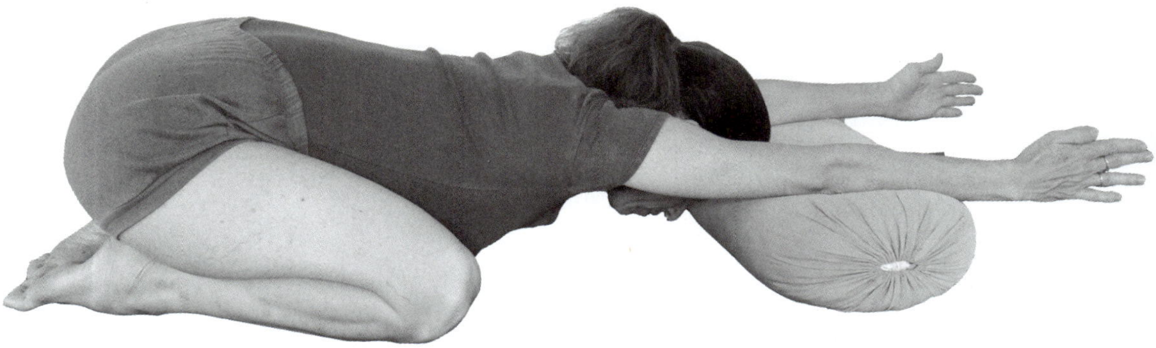

图1　单个瑜伽抱枕横向支撑的俯英雄式

多个瑜伽抱枕纵向支撑

→将 1~2 个瑜伽抱枕纵向叠放在面前。将 1 条折叠的瑜伽毯放在瑜伽抱枕的前端，准备用来支撑前额。

› 将瑜伽砖平行竖放，近边与瑜伽抱枕前端对齐，以支撑环抱的双肘。

› 双膝打开，调整支撑平台，使瑜伽抱枕支撑下腹部。调整瑜伽毯对前额的支撑，保证呼吸的顺畅。调整瑜伽砖，使环抱的双肘能够舒适地放在上面。（图 2）

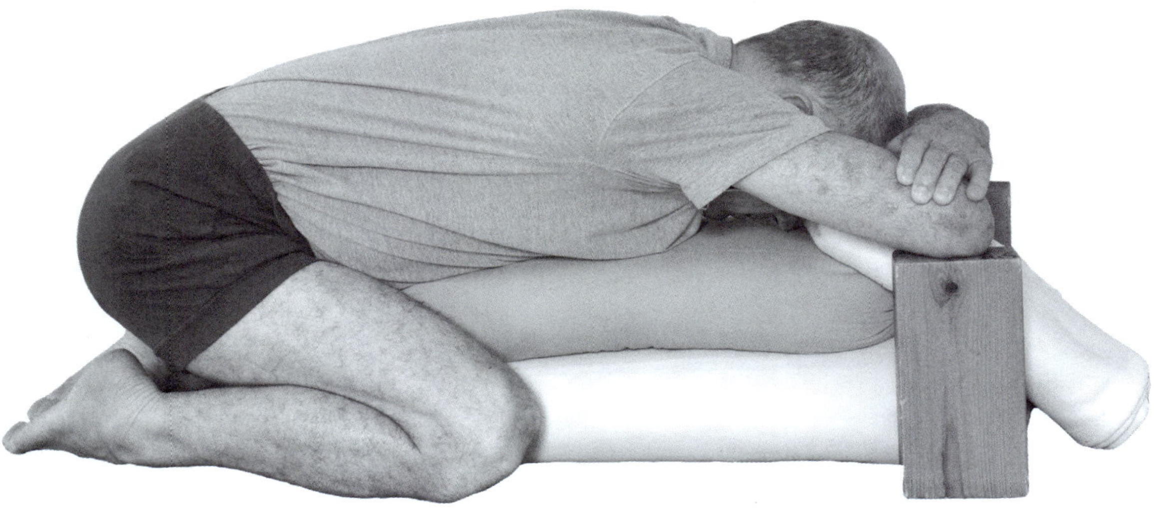

图2　多个瑜伽抱枕纵向支撑的俯英雄式

◎ 如果双膝或者髋部感到紧张，在脚跟上横放1个瑜伽抱枕支撑臀部。（图3）如果没有那么多瑜伽抱枕，可以将1个瑜伽抱枕纵向放置在瑜伽砖上方，用折叠的瑜伽毯支撑臀部。

◎ 如果手臂下滑，则可再用2块瑜伽砖支撑双手。注意，上臂应该和身体两侧同高。

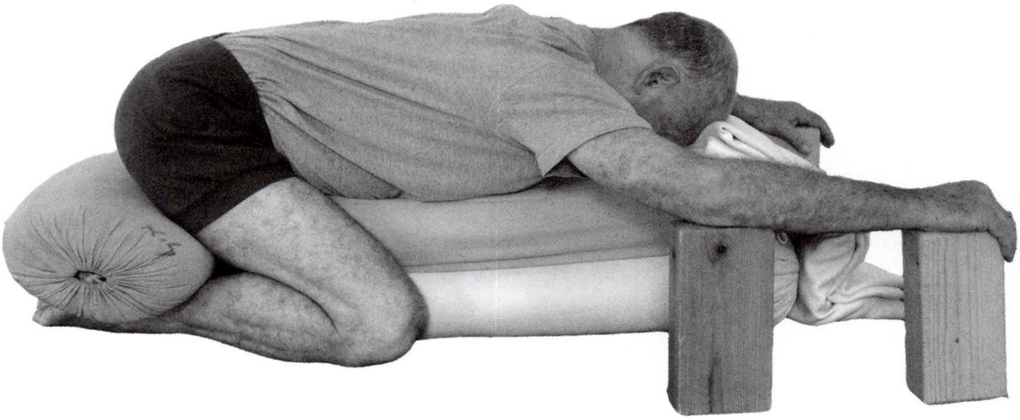

图3 瑜伽抱枕支撑臀部的俯英雄式

倒置的瑜伽椅支撑

→ 可用倒置的瑜伽椅，纵向放置瑜伽抱枕和/或折叠的瑜伽毯来支撑手臂和额头。（图4）

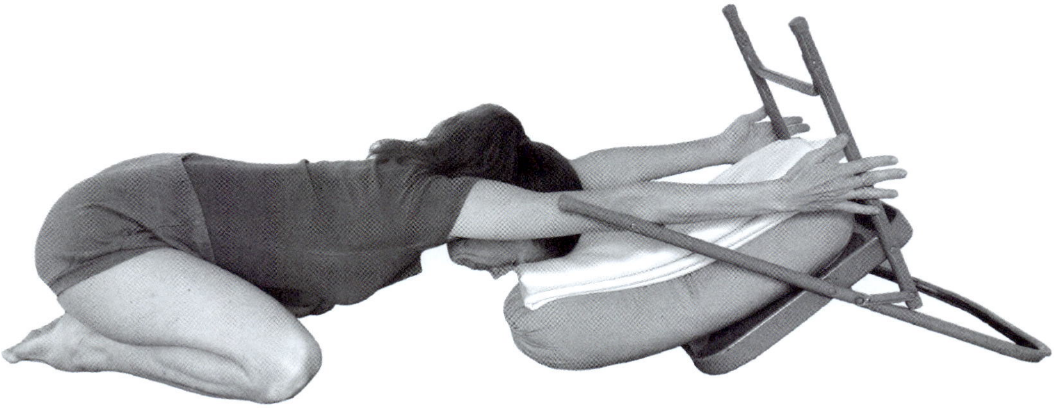

图4　倒置的瑜伽椅支撑的俯英雄式

正放的瑜伽椅支撑

→ 如果身体僵硬，难以前屈，可以用正放的瑜伽椅来支撑前额和手臂。（图5）

◎ 此变体也可以只用1个瑜伽抱枕放在脚跟上来做，这有助于髋关节和/或膝关节僵紧者能舒适地完成此体式。（图中未示出）

图5　正放的瑜伽椅支撑的俯英雄式

卧手抓脚趾腿伸展一式

（*Supta Padaṅguṣṭhāsana* Ⅰ）

虽然我们通常并不把卧手抓脚趾腿伸展式归于前伸展体式，但我们将其归于此处，是因为它很适合包含在前伸展序列中。俯英雄式是一个前伸展（前屈）体式，但大腿后侧的腘绳肌没有得到拉伸；卧手抓脚趾腿伸展式则是伸展腿后侧的良好开端，可以为之后的前伸展练习做好准备。

卧手抓脚趾腿伸展式还有很多其他益处。在此我们仅列出其中几个：它能为骶骨带创造空间，从而有助于缓解下背部疼痛；它还能强化双腿骨骼，打开膝关节后侧。

如果你的腘绳肌受过伤，请不要练习此体式。

变体1

强化骨骼，拉伸肌肉：瑜伽带的基本应用

辅　具

1~2根瑜伽带

墙面

1块瑜伽砖

功效　应用瑜伽带有助于稳定骨盆区域，打开胸腔。将瑜伽带放在脚跟处能加强双腿的骨骼，有助于将股骨头拉回到髋臼中；将瑜伽带放在跖球处，则有助于拉伸腿后侧的肌肉。

骨骼练习

举起右腿做体式：

→ 面对墙面，仰卧，双脚接近墙面。准备 1 根瑜伽带，放在身旁。

› 双膝微屈，身体向墙面的方向挪动，双脚抵墙。

› 双肩后旋，肩胛骨内收，双手抓住瑜伽垫边缘。（图 1）

› 双脚推墙，身体慢慢向头顶方向滑动，直到双腿伸直。双腿下压，尝试让腿后侧完全贴地。这是仰卧山式（*Supta Tāḍāsana*）。（图 2）

› 右腿弯曲，环抱右膝。注意，躯干右侧不要缩短，左腿也不要抬离地面。（图 3）

› 将 1 根瑜伽带套在右脚脚跟处，双手拉着瑜伽带，右脚蹬紧瑜伽带，右腿保持与瑜伽带拉力的拮抗，慢慢伸直。

› 右脚脚踝外侧保持与地面垂直，与髋关节外侧对齐；同时右脚脚跟后侧也与地面垂直，与坐骨尖对齐。（图 4）

› 松开瑜伽带，让它挂在脚上，双臂向上伸展过头，双肩后旋找地面，打开胸腔。

› 双肩不要抬起，双手再次握住瑜伽带，双肘向两侧微屈，用力拉紧瑜伽带。将瑜伽带尽力拉向地面的方向（不是拉向头的方向）。这样会增加腿部骨骼的负重，以此强化骨骼；它还有助于将股骨头拉回到髋臼中。

› 右大腿前推，远离腹部，整条腿的后侧展开。

› 保持右腿垂直；腿内侧伸展向上，腿外侧向下压。双脚打开，脚跟和跖球上提，创造足弓的结构。

图1 双手抓住瑜伽垫边缘

图2 双腿伸直，进入仰卧山式

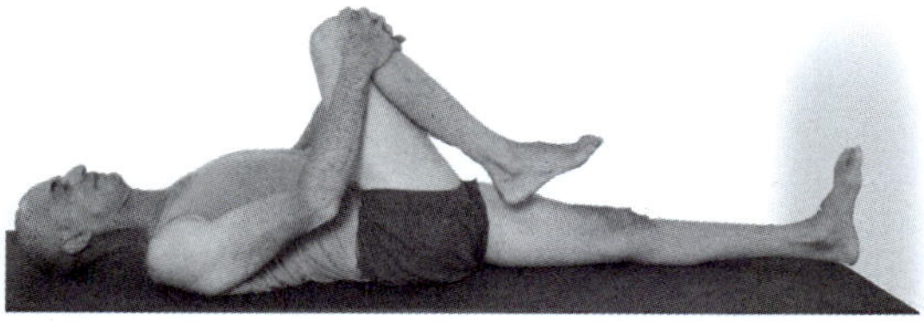

图3 环抱右膝

- 腹部保持柔软，呼吸顺畅。呼吸时，意识关注下腹部，检查呼吸是否均衡地向下腹部两侧充盈。
- 双眼放松，喉咙放松。
- 拉瑜伽带时双手用力要均衡。
- 左脚推墙时，脑中记下左腿的感觉。观察这对整个身体的影响。然后，保持此体式，身体挪动，离墙约3厘米，观察身体发生了什么样的变化。

图4 右脚蹬紧瑜伽带

也可以继续选择如下练习方式：

→ 准备 1 块瑜伽砖，长边靠墙横放。左脚脚跟后侧放到瑜伽砖上，用力下压。（图 5）

此方式有助于打开腿后侧，保持腿部活跃，伸展下背部。

→ 用另一根瑜伽带拉左脚脚跟。

这是激活左腿的又一种方式（没有合适的墙面时，可用此法代替）。（图 6）

图5 左脚脚跟放在瑜伽砖上用力下压

图6 用另一根瑜伽带拉左脚脚跟

拉伸肌肉

在此变体中瑜伽带套在跖球处，将腿尽可能地拉近身体。（不要屈膝，也不要缩短躯干右侧）

› 为了加强拉伸，将瑜伽带做成小环套在脚上，将自由端绕在手上，手臂向上伸展过头。（图 7）

图7　拉瑜伽带，手臂向上伸展过头

变体2

学习保持腿的伸直：从手杖式进入

辅 具

1根瑜伽带

墙面

1块瑜伽砖（可选）

功效 从手杖式进入卧手抓脚趾腿伸展一式有助于保持上抬腿的挺直（《瑜伽之光》，图77）。

图1 右腿用力，与瑜伽带的拉力形成拮抗

举起右腿做体式：

→ 双脚抵住墙面，手杖式（*Daṇḍāsana*）坐立，将 1 根瑜伽带套在右脚脚跟处。

› 双手拉紧瑜伽带，右腿抬起，离开地面一点；右腿用力，与瑜伽带的拉力形成拮抗。（图 1）

› 拱背，保持瑜伽带的拉力和右腿的拮抗（图 2），慢慢仰卧。

› 左腿尽可能保持在地面上，不要抬起。（图 3）

图2 拱背，有控制地慢慢仰卧

☼ 控制身体，利用右腿放慢下落的速度。

☼ 右膝后侧保持打开。小腿肌肉向脚跟方向伸展。

图3　左腿不要抬起

变体3

激活上抬腿：瑜伽带套住身体和腿

辅　具

1条长瑜伽带 

墙面（可选）

功效　瑜伽带的拉力可以激活上抬腿，也可以收紧相关区域，强壮骨骼。双臂得到解放，可以帮助伸展躯干，打开胸腔。瑜伽带套在身体的不同位置可以产生不同的功效。放在骶骨处，可以收紧骨骼、腿部关节和骨盆；放在胸部，可以打开并扩展胸腔，加强腿部的拉伸；放在头后侧，可以加强颈部，伸展颈部后侧，为肩倒立式（*Sarvāṅgāsana*）做好颈部的准备 。

举起右腿做体式：

→ 将长瑜伽带套在骶骨带和右脚脚跟处。

› 将环扣放到适当位置，方便随时调整。右腿微屈，拉紧瑜伽带。然后右腿伸展，与瑜伽带的拉力形成拮抗。

› 手臂向上伸展过头，双肩向后绕（向地面方向）。（图 1）

› 保持一会儿后，双手握住瑜伽带，用力向下拉，以此增强右腿的拉伸。（图 2）

图1　手臂向上伸展过头，双肩向后绕

图2　双手握住瑜伽带，用力向下拉

› 保持 40~60 秒，将瑜伽带上移到中背部。瑜伽带的长度可能需要略微调整。（图 3）

图3　将瑜伽带上移到中背部

› 最后，将瑜伽带继续上移到头后侧。头可以抬起，从而借助头部的重量来拉紧瑜伽带，进一步打开右腿后侧。（图 4）

图4　将瑜伽带上移到头后侧

变体4

创造上抬腿侧的空间：瑜伽带套住脚跟和腹股沟

辅　具

2根瑜伽带 

（其中1根需要长一些）

墙面（可选）

功效　将瑜伽带套在脚跟和腹股沟处，所形成的水平拉力为上抬腿一侧的下背部和下腹部创造了空间。它教会我们在此体式中上抬腿的大腿上端更强烈的动作。

在此变体中，将瑜伽带做成1个大环，套在上抬腿的腹股沟处和另一条腿的脚跟处。如果你的腿较长，则准备1根长瑜伽带。

举起右腿做体式：

→ 进入变体1，将瑜伽带做成一个大环，套在右侧腹股沟和左脚脚跟处。

› 右腿弯曲，左手抱住右膝。左腿微屈，拉紧瑜伽带。（图1）然后左腿伸展，绷紧瑜伽带，从而将右大腿拉向墙面的方向。

› 用另一根瑜伽带套在右脚脚跟处，双手拉住瑜伽带，右腿垂直向上伸展。（图2）

◎ 将瑜伽带环扣放到右大腿后侧的适当位置，自由端朝向身体，以便随时进行调整。

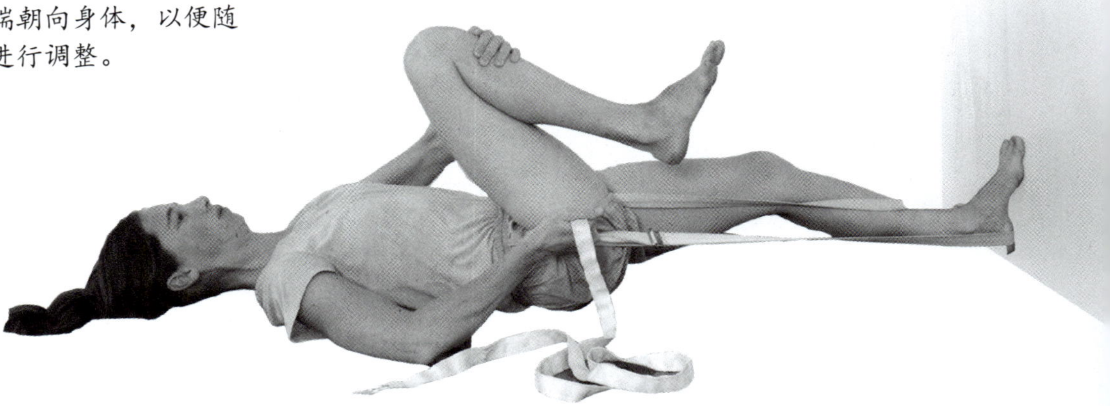

图1　左腿微屈，拉紧瑜伽带

☼ 左腿向前拓展，左脚脚跟内侧用力拉瑜伽带。

☼ 将此变体与变体1进行比较：呼吸在下腹部的感觉有什么变化？

图2　双手拉住瑜伽带，右腿垂直向上伸展

变体5

创造上抬腿侧的空间：搭档帮助拉腿

辅　具
1位搭档
1根瑜伽绳
1根瑜伽带
墙面（可选）

◎ 如果没有瑜伽绳，可以用瑜伽带代替，但最好能找到宽的瑜伽带。

功效　此变体与前几个变体相似，但是搭档的牵拉更为机敏。搭档还可以压住位于地面的大腿；从而教会我们保持这条腿的向下扎根、内旋。

在此变体中，搭档将练习者上抬腿的大腿顶端向远离躯干的方向拉。

举起右腿做体式。

给搭档的指导：

→ 将瑜伽绳做成大小适当的环，绕成两股，形成两个环，套住练习者右腿，调整到右腹股沟处。

› 左脚穿入环中，慢慢后移，将其拉紧。练习者右腿向上伸展，同时将瑜伽带套在右脚脚跟处，双手用力下拉。

› 左脚绷紧环，拉伸练习者的躯干右侧。双手可放在练习者的左大腿前侧，身体前倾。（图 1）

› 双手十指由外向内施力，引导练习者的大腿内旋。

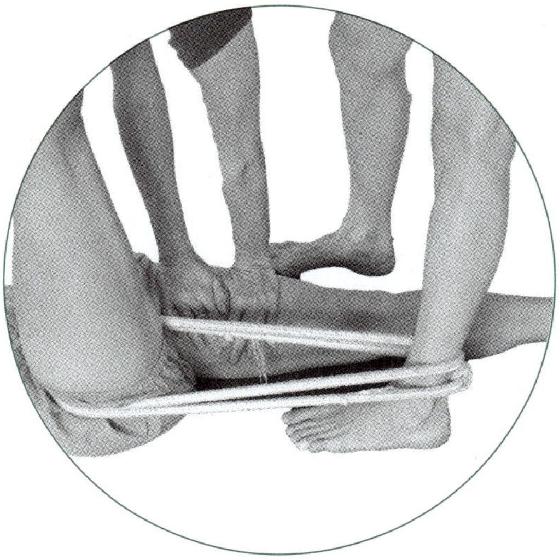

图1　搭档双手放在练习者的左大腿前侧，身体前倾

也可以选择将瑜伽绳做成两个环，分别套住练习者的大腿和小腿，靠近膝关节的位置。（图 2）

→ 将瑜伽绳做成两个环，一个环套在练习者小腿上，另一个环套在练习者大腿上，靠近膝关节处。

› 左腿穿过环，温和地将环向后拉。

给搭档的指导：

☼ 当你身体前倾时，借用身体的重量将练习者的左大腿骨垂直向地面方向压。十指则用力将练习者大腿内侧拉向地面方向。

☼ 询问练习者的感受，随时调整力度。

此变体可教会我们如何伸直腿，打开膝关节后侧。也可辅助某些膝关节损伤者进行康复训练。

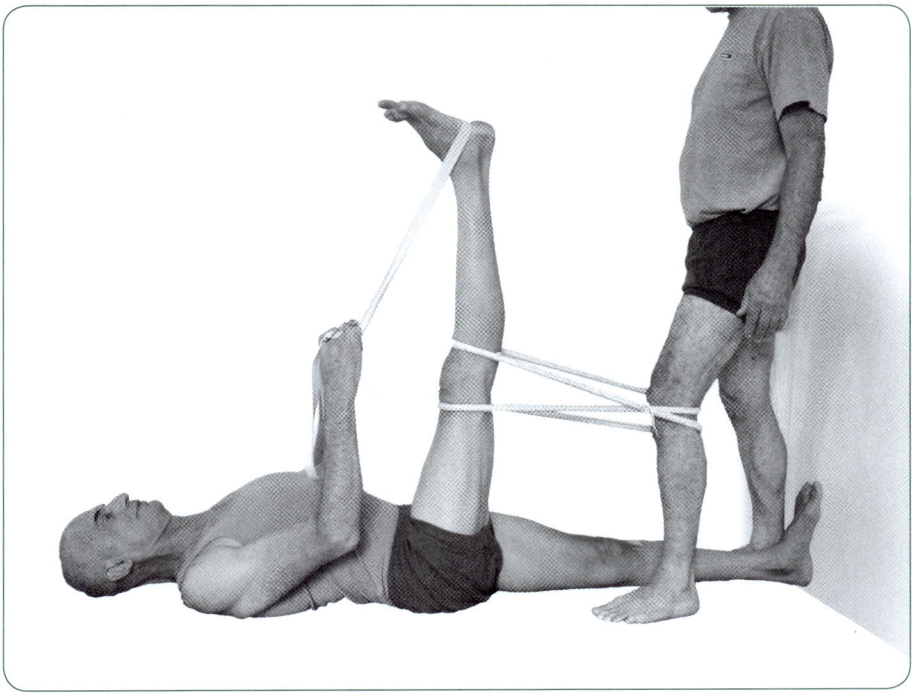

图2 瑜伽绳做成两个环，分别套住练习者的大腿和小腿，靠近膝关节的位置

变体6

90° 支撑腿：运用墙角

辅　具
1个墙角
1根瑜伽带
2块瑜伽砖（可选）

功效　利用直立的墙面支撑，能确保双腿的位置准确。上抬腿后侧、另一条腿内侧同时推向墙的前面和侧面，有助于双腿和骨盆保持正位、稳定。上抬腿的支撑还可降低柔韧性不足者的紧张感。

举起左腿做体式：

→ 选择一个凸出的墙角或者四棱柱，靠近，仰卧。左腿抬起，挪动身体，使左侧坐骨和左脚脚跟触墙。

› 身体向左慢慢挪动，右腿靠向墙面。右大腿内旋，大腿内侧推墙。

› 将右脚脚跟放在瑜伽砖上，脚跟下压。再用 1 根瑜伽带下拉左脚脚跟。（图 1）

› 也可以在左脚脚跟和墙面之间放 1 块瑜伽砖（最好是泡沫瑜伽砖，以防发生意外滑落）。（图 2）

图1　运用墙角，90°支撑腿

图2　上抬腿脚跟与墙面之间放1块瑜伽砖

图2　上抬腿脚跟与墙面之间放1块瑜伽砖

卧手抓脚趾腿伸展二式

（*Supta Padaṅguṣṭhāsana* Ⅱ）

这是《瑜伽之光》中卧手抓脚趾腿伸展式的第三个动作（《瑜伽之光》，图287），现在经常称之为卧手抓脚趾腿伸展二式。

此体式可使骨盆区域和下腹部向侧面展开，是三角伸展式和其他侧向站立体式的很好的准备练习。生理期的女性可以用此体式代替卧手抓脚趾腿伸展一式（*Supta Padaṅguṣṭhāsana* Ⅰ）和上伸腿式（*Ūrdhva Prasārita Pādāsana* ）等。

如果内收肌受伤，请不要练习此体式。

变体1

稳定骨盆：双手拉瑜伽带

辅 具

墙面

1根瑜伽带

功效 用双手拉瑜伽带可稳定骨盆，防止骨盆转向一侧。

我们演示体式的两个阶段：屈腿和直腿。

右腿向侧做体式：

→ 仰卧，双脚抵墙。右腿弯曲，右手扶膝，将其转向右侧。

› 右臀收紧，骨盆从右向左转，以此阻止骨盆的右转趋势。

› 左手放在左大腿上，保持一会儿。体验骨盆右侧的打开。（图 1）

› 拿起瑜伽带，做出 1 个小环，将它套在右脚脚跟上。将瑜伽带自由端穿过上背部后侧，双手抓住瑜伽带。左手抓住自由端，右手抓住小环附近。

› 拉紧瑜伽带，右腿缓缓伸展，与拉力形成拮抗。

› 保持左腿充分伸展并用脚推墙，腿后侧沉降找地面。（图 2）

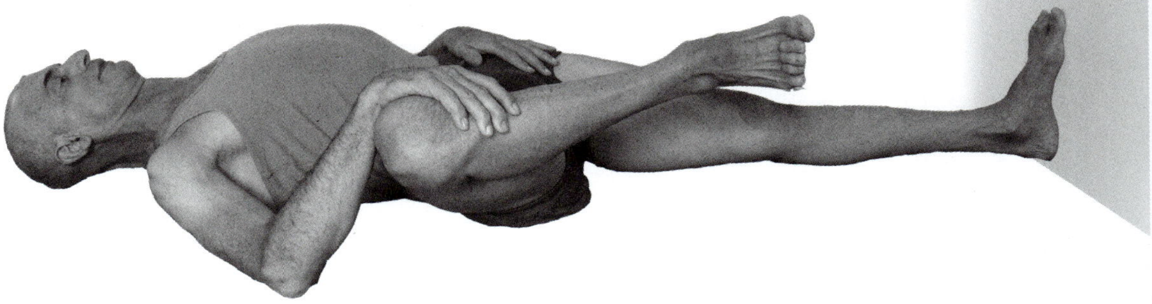

图1 左手放在左大腿上，保持一会儿。体验骨盆右侧的打开

☼ 右脚不要向外转，要保持与地面平行，脚掌与地面垂直。

☼ 抬头检查一下骨盆，确保其完全朝向天花板，而不是转向右侧。

☼ 为了扩展骨盆空间，左脚向左到达瑜伽垫左侧边缘，身体随之向墙面的方向挪动一点，左脚抵墙。

☼ 观察下腹部区域的呼吸是否均衡地向两侧扩展。

图2　双手拉瑜伽带，进入体式

变体2

激活腿部：瑜伽带套住身体和腿部

辅 具

1根长瑜伽带 

功效 瑜伽带套住身体和腿部，其拉力可以激活向侧伸展的腿。也可以收紧相关区域，强壮骨骼。双臂得到解放，可以帮助伸展躯干，打开胸腔。

此变体和卧手抓脚趾腿伸展一式的变体3类似，1根（长）瑜伽带套在向侧打开的腿及骨盆处，停留片刻，再挪到胸部。

右腿向侧做体式：

→ 将瑜伽带套在骨盆和右脚脚跟上。右膝微屈，适度拉紧瑜伽带，使右腿能够蹬紧瑜伽带并完全伸展。（图1）

› 然后将瑜伽带从骨盆处挪到胸部。调整一下瑜伽带的长度，使之收紧。（图2）

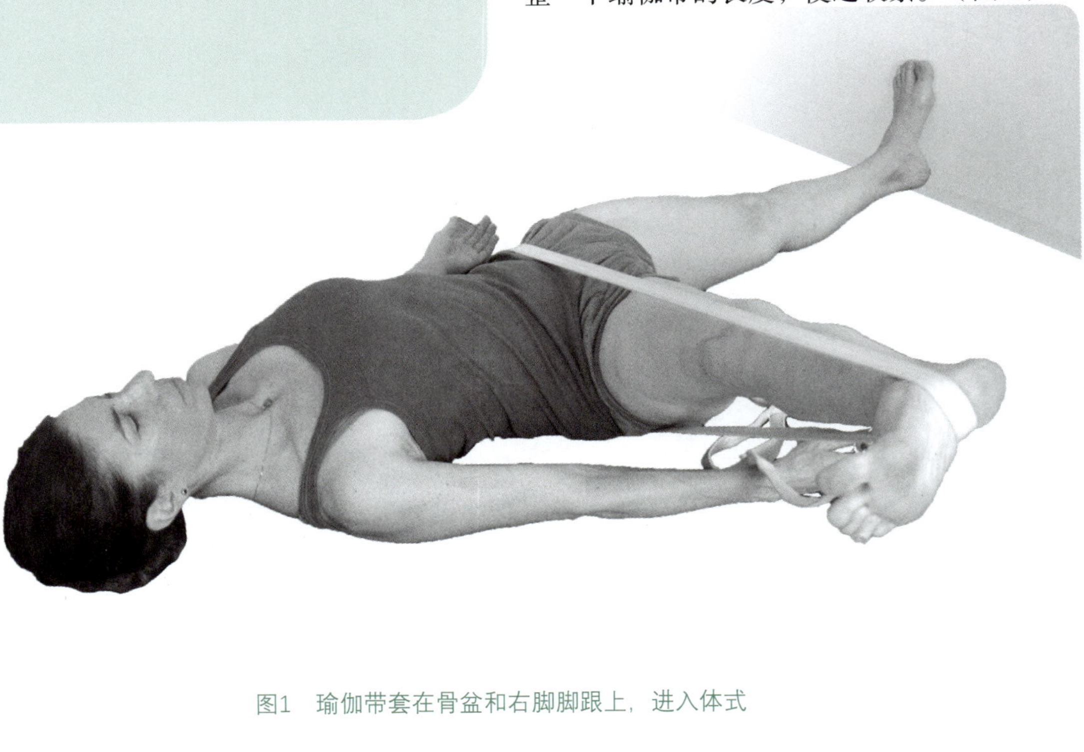

图1 瑜伽带套在骨盆和右脚脚跟上，进入体式

图2　瑜伽带套在胸部和右脚脚跟上，进入体式

变体3

创造骨盆处的空间：瑜伽带套住脚跟和腹股沟

辅 具

墙面
2根瑜伽带（1根长的）

功效 从脚跟到腹股沟套上瑜伽带形成的拉力可以创造骨盆处的空间，并教会我们如何保持骨盆的平衡，从而在下腹部为呼吸创造空间。

此变体和卧手抓脚趾腿伸展一式的变体4类似。这里需要一根做成小环的瑜伽带。

右腿向侧做体式：

→ 从左脚脚跟至右腹股沟处套上瑜伽带（通常需要长瑜伽带）。

› 屈右腿。左腿微屈，拉紧瑜伽带。然后左腿伸展，绷紧瑜伽带，使右大腿向远离头的方向移动。

› 将另一根瑜伽带做成若干叠起的小环，套在右脚脚跟上，右腿向上伸直。

› 右手握住这组小环，右臂伸展。右手拉紧小环，右腿对抗此拉力，慢慢向右侧打开。（图1）

◎ 瑜伽带的环扣应放在够得到的地方，以方便在体式中进行调整。

◎ 如果需要，可调整环的大小，也可调整抓握环的位置。

› 骨盆左转，抵抗骨盆向右转的趋势。

☼ 右腿向侧打开找地面时，右腿内侧从腹股沟到脚跟内侧去伸展，右腿外侧则是从右脚外侧向骨盆外侧伸展。

☼ 右腿下落的动作由腿内侧开始，而腿外侧和右臂则要收紧，与之形成拮抗，以防止骨盆向右侧倾斜。

☼ 耻骨从右向左转。

图1　从脚跟到腹股沟套瑜伽带，进入体式

变体4

创造膝关节处的空间：搭档帮助拉腿

辅　具

1位搭档

1根瑜伽绳

1根瑜伽带

墙面（可选）

功效　搭档帮助伸展腿，可以打开腿后侧，为膝关节创造空间。有助于某些膝关节损伤的康复。

此变体和卧手抓脚趾腿伸展一式的变体 5 类似。具体练习方法请参考相关说明。

下面给出两种其他练习方法。

剪刀动作

给搭档的指导：

→ 将右脚脚跟顶在练习者右大腿前侧，将它拉向你，从而伸展练习者的躯干右侧。

› 同时，用左腿温和地推练习者的右小腿，使其右腿得到更好的拉伸。

› 右手按住练习者左侧髂嵴，保持其稳定。

› 用类似剪刀的动作打开练习者的膝关节后侧。（图 1）

◎ 施力时应保持觉察。如果练习者膝关节有问题，请不要尝试做此变体。

图1 搭档用剪刀动作帮助练习者进入体式

脚放臀下

给搭档的指导：

→ 练习者右腿抬起后，面对练习者，将你的左脚放入对方右臀下。

› 用脚和脚趾支撑练习者的臀部，并将其向后，向你的方向延展。（图 2）

› 当练习者右腿向侧方打开时，右手按住其左侧髂嵴，防止对方骨盆向右转。（图 3）

› 左手用力按住练习者左大腿前侧，使其固定不动。手指要朝向左大腿内侧，将其内旋。（图 4）

图2 搭档将脚放在练习者臀下

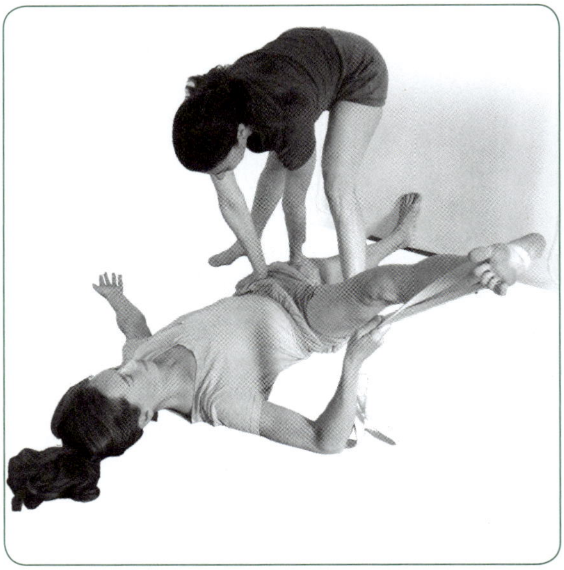

图3 搭档用右手按住练习者左侧髂嵴

◎ 髂嵴的骨骼有明显的凸出，手掌可弯曲，顺其结构用力。如果练习者很敏感，则不要太用力。

图4　搭档辅助，使练习者左大腿内旋

变体5

股骨头收进髋关节：向侧打开的脚抵墙

辅　具
1根瑜伽带
墙面
1块瑜伽砖（可选）

功效　向侧打开的脚抵墙伸直腿，使股骨头更好地收进髋臼中，对髋关节的健康十分有益。从在地面上外展的腿开始将腿蹬直，还能加强骨盆带向侧的展开。

在卧手抓脚趾腿伸展二式中，通常我们是努力保持骨盆的稳定，腿向侧打开时不让骨盆随之向侧面转。这些动作也可换一个顺序做：先将腿向侧打开，完全落于地面，然后再调整骨盆向相反的方向转动，回正。这可以更好地收紧骨盆。

◎ 必须使用防滑瑜伽垫，它的摩擦力更大，身体不易滑动。

☼ 右腿与墙面垂直，可以将股骨头最有效地收进髋臼中。因此不要把右脚挪得太高。

☼ 可以用一条折叠的瑜伽毯，或者其他支撑物填充左侧臀部下方的空隙。

☼ 两臀外侧内收，有助于打开骨盆前侧。左侧骨盆保持向下，尽量落地，股骨头稳固于髋臼内。

右腿向侧做体式：

→ 仰卧，身体与墙面平行。身体右侧距墙 70 厘米左右，比你的腿长略短。

› 右腿微屈，右脚抵墙。右脚外侧落在地面上，右腿与墙面垂直。（图 1）

› 右脚慢慢蹬墙，伸直右腿。

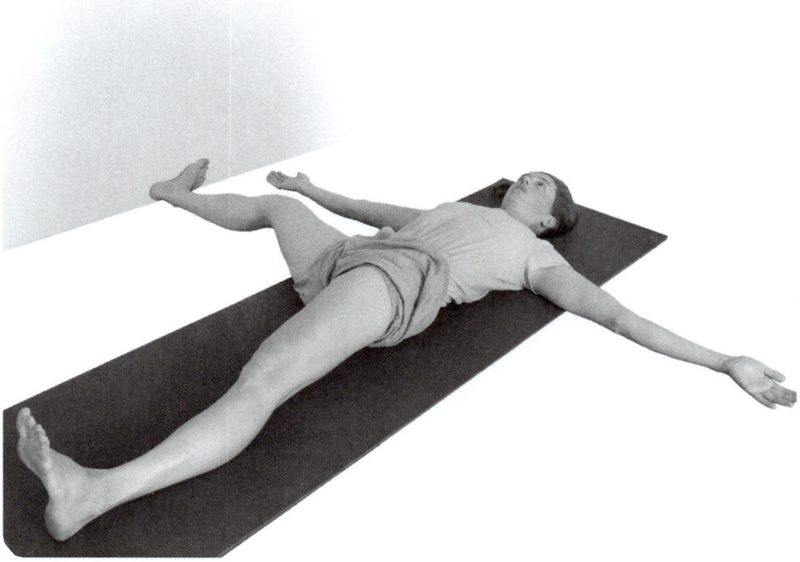

图1　右腿与墙面垂直

› 左手放在左侧髂骨上。骨盆尽可能向左转动，左臀尽可能接近地面。（图 2）

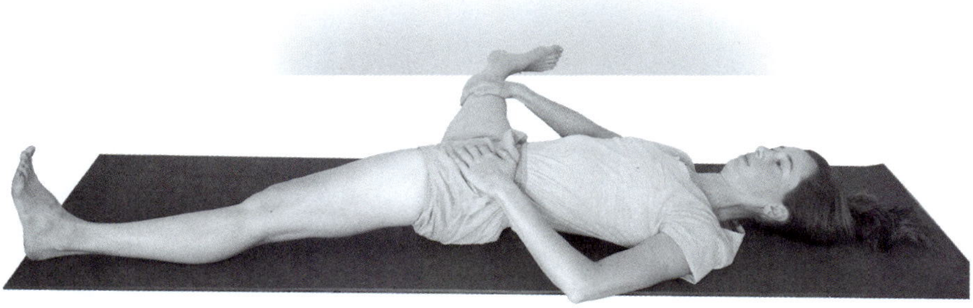

图2　左臀尽可能接近地面

图3　利用墙角，双脚同时蹬墙

选项：在墙角处练习

→ 也可以选择一个相互垂直的墙角，双脚同时蹬墙。（图 3）

变体6

股骨头进入髋关节：搭档拉臀部

辅　具

1位搭档

1根瑜伽绳

1根瑜伽带

功效　搭档帮助拉臀部，可以稳定骨盆，保持股骨头就位，还可使腹部器官放松、柔软，有一种非常舒适的感觉。

右腿向侧做体式：

→ 练习者：仰卧。右腿抬起，将瑜伽带套在右脚脚跟处。

› 搭档：坐在练习者左侧，用瑜伽绳套住练习者右臀。双脚抵住其左侧骨盆。

› 搭档：当练习者将右腿向右打开时，拉紧瑜伽绳来稳定其骨盆，并将其臀部肌肉收向骨盆。（图1）

图1　搭档拉紧瑜伽绳，稳定练习者的骨盆

变体7

疗愈性变体：支撑大腿外侧

辅 具

1根瑜伽带

1条瑜伽毯

1块瑜伽砖

功效 支撑大腿外侧，可以不费力地保持在体式中，享受身体的扩展和放松。对经期和孕期女性尤其有效（孕期可用瑜伽抱枕来支撑）。

右腿向侧做体式：

→ 将卷着的瑜伽毯（或者瑜伽抱枕）纵向放在身体右侧。

› 用瑜伽带套住右脚，右腿抬起。

› 右腿向右侧打开。调整瑜伽毯使其支撑右大腿上端。（图1）

› 右肘弯曲，落地，与肩同高。

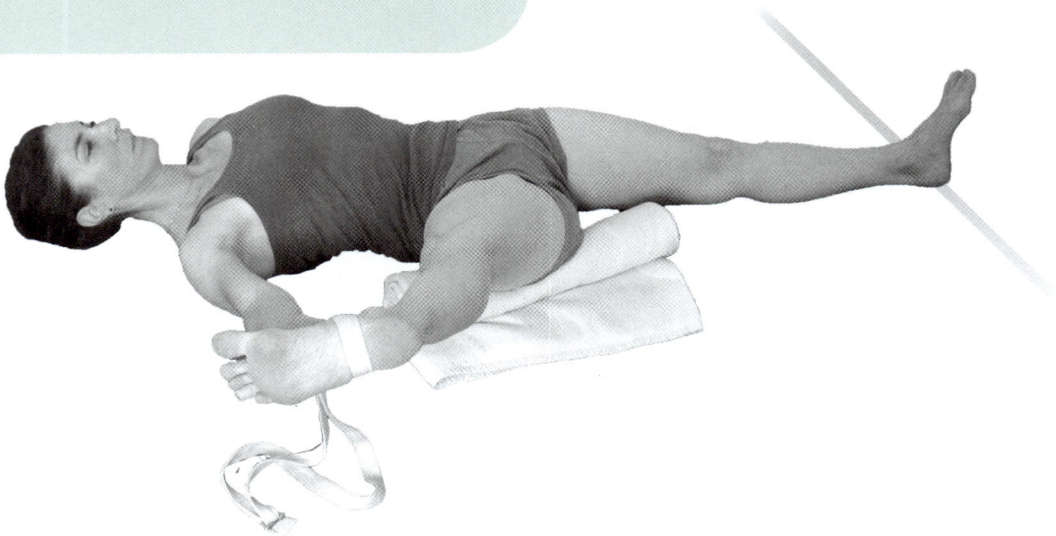

图1 用瑜伽毯卷支撑大腿外侧

用硬的支撑物

→ 可以用木质瑜伽砖（图 2），甚至是杠铃片支撑（图中未示出）。

› 将瑜伽砖或者杠铃片放好，支撑股骨大转子。

图2 用木质瑜伽砖支撑大腿外侧

加强背部伸展式

(*Paśćimottānāsana*)

加强背部伸展式是一个重要的前伸展体式。它对伸展腿和躯干后侧尤为有效，对于疗愈和冥想练习也十分有益。因此我们将以相当长的篇幅进行介绍。这里给出的此体式的各种变体，可方便地用于其他前伸展体式中。例如，头碰膝前屈伸展式（*Jānu Śīrṣāsana*）和半英雄前屈伸展式（*Triaṅga Mukha Eka Pāda Paśćimottānāsana*）。这里给出的变体的主要作用是：

- 激活双腿
- 拉长腘绳肌，加深前伸展的幅度
- 在疗愈性体式中长时间停留

腘绳肌僵紧者往往是从背部开始前伸展（前屈），这会增加背部的负担，导致下背部疼痛。为了安全地练习此体式，首先要学会延展腘绳肌。

> 为了保护腘绳肌，膝关节要始终完全打开，向所有方向均匀伸展。大腿不要离开地面。不要在哮喘期间或者刚刚痊愈后练习此体式。腹泻时请不要练习此体式。

图1　手臂上举式

拓展知识

所有前伸展体式都包括三个阶段：

› 手臂上举式（*Ūrdhva Hastāsana*）。手臂向上伸展，创造出躯干的长度。（图 1）

› 脸朝上手杖式（*Ūrdhvā Mukha Daṇḍāsana*）或手抓大脚趾手杖式（*Padaṅguṣṭhā Daṇḍāsana*）。背部内凹，拉长脊柱的前侧。头抬起，但视线要内收，观察脊柱。（图 2）

› 脸朝下（*Adho Mukha*）。这是加强背部伸展式的完成阶段。低头向下。躯干背部拉长，保持适当曲度。（图 3）

图2　脸朝上手杖式

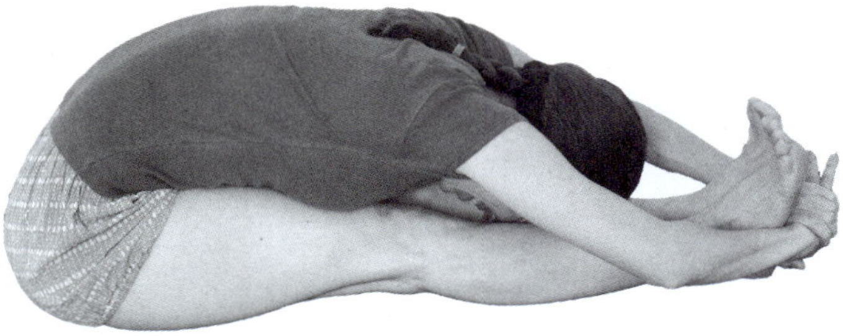

图3　脸朝下，进入加强背部伸展式

在站立体式中，双脚是体式的根基。而大多数前伸展体式的根基是双腿后侧——从臀部到脚跟。双腿下压力度越大，躯干就会越自由，伸展也会越多。股四头肌（大腿前侧的肌肉）应该在一个平面上均匀用力收向股骨（大腿骨）。我们需要学会如何激活和收紧这些肌肉，不让它们鼓起、变短，或远离骨骼。

变体1

激活双腿：大腿之间夹瑜伽砖

辅　具

1块瑜伽砖

1根瑜伽带

数条瑜伽毯（可选）

功效　大腿之间夹瑜伽砖一方面可以激活大腿外侧，稳定髋关节，有助于伸展躯干两侧；另一方面有助于大腿内旋，扩宽骨盆。手拉瑜伽带有助于伸展脊柱，扩展背部，防止拱背。

此变体与手杖式变体 6 类似。

→ 可将折叠的瑜伽毯放在旁边，稍后用以支撑头部（应根据需要调整好支撑物的高度）。

› 手杖式（*Daṇḍāsana*）坐在折叠的瑜伽毯上。两大腿夹紧瑜伽砖。大腿内旋，使得大腿内侧上缘接触瑜伽砖（如手杖式变体 6）。

› 双膝微屈。用 1 根瑜伽带套住双脚脚跟，双手拉紧瑜伽带，胸部上提，脊柱上端内收，使背部内凹。双腿伸展，与瑜伽带的拉力形成拮抗，坐直。（图 1）

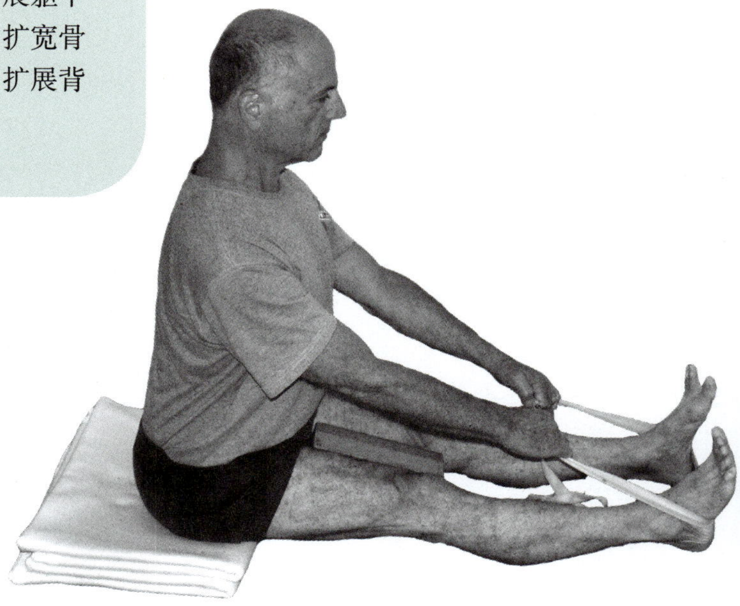

图1　双腿伸直，与瑜伽带的拉力形成拮抗

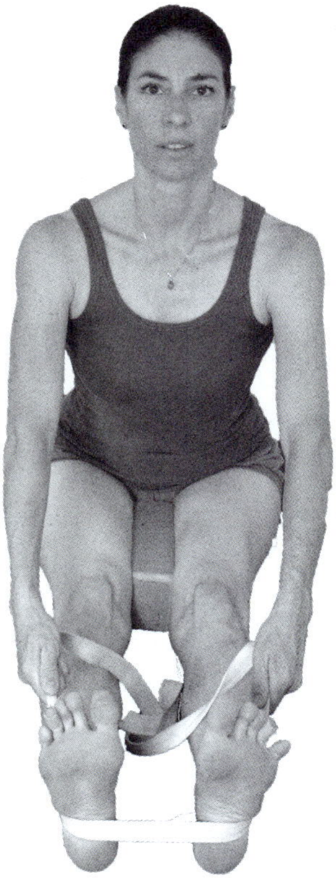

图2　进入脸朝上手杖式

☼ 学习激活双腿，双腿向地面下压时腹部保持完全被动。

☼ 在进入前伸展体式时，应该如同飞机降落般躯干底端先落地，不要做“追降”。

☼ 通过抬起双肘来扩张胸腔，打开躯干的两侧和腋窝。身体两侧不要下沉，而是将脊柱下移，收入背部。

› 吸气，胸部上提，进入脸朝上手杖式。

› 前屈 45°，保持背部内凹的形态，胸骨上提，下巴抬起，目视前方。（图 2）

图3　前额轻轻落于两小腿之间，进入体式

› 吸气，胸腔打开。必要时缩短瑜伽带，保持手臂的拉伸。

› 呼气，双肘向两侧弯曲，躯干前移。根据自身的能力，握住脚趾，或者手指交扣，或者一只手抓住另一只手。肘部保持打开，扩展胸部。

› 肚脐区域先落于大腿上，然后胸部下端下落，最后低头。

› 前额轻轻落于两小腿之间（图 3），或落于放在小腿上的瑜伽毯或瑜伽抱枕上，颈部放松。

变体2

激活双脚：脚掌蹬瑜伽砖

辅 具

1~2块瑜伽砖

功效 脚掌蹬瑜伽砖，瑜伽砖平整且坚硬的表面可使双脚稳定、激活，而且双手能够对称地拉砖，从而进一步激活腿部；可以使髋关节得到稳定，骶骨内收。

此变体与手杖式变体5类似。这里我们使用1块瑜伽砖来促进向前的延展。

→ 手杖式（*Daṇḍāsana*）坐立，脚掌抵靠1块瑜伽砖。

› 吸气，手臂上举，向上伸展躯干。呼气，从髋部前屈，双手抓住瑜伽砖的两侧，脚掌蹬砖，双腿伸直；眼睛向前、向上看，背部内凹。（图1）

› 吸气。呼气时双肘弯曲，躯干向前伸展，到达双腿上方。

› 前额落于小腿上。如果需要，可使用折叠的瑜伽毯、瑜伽抱枕或者瑜伽椅支撑额头。

› 如果可能，再加1块瑜伽砖（图2），或把瑜伽砖转向长边放置。（图3）

☼ 收紧大腿外侧肌肉来稳定髋关节，拓宽骨盆带，使腹部柔软。

☼ 双腿伸展时，每条腿的脚踝、膝关节和大腿前侧的中心线都应该在一条直线上，朝向天花板。

☼ 拓宽脚掌，张开脚趾。

◎ 可以用木板代替瑜伽砖（图4），使躯干进一步拓宽。双手也可以抓着立柱、墙钩、长凳（图5）或任何其他固定的物品，加大前伸展的幅度。

图1　脚掌蹬瑜伽砖

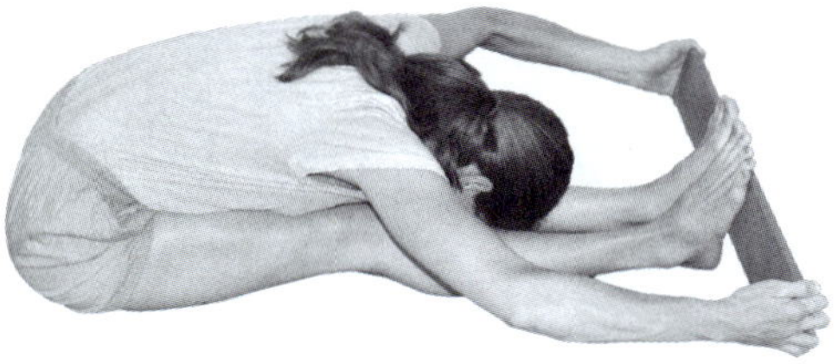

图4　用木板代替瑜伽砖

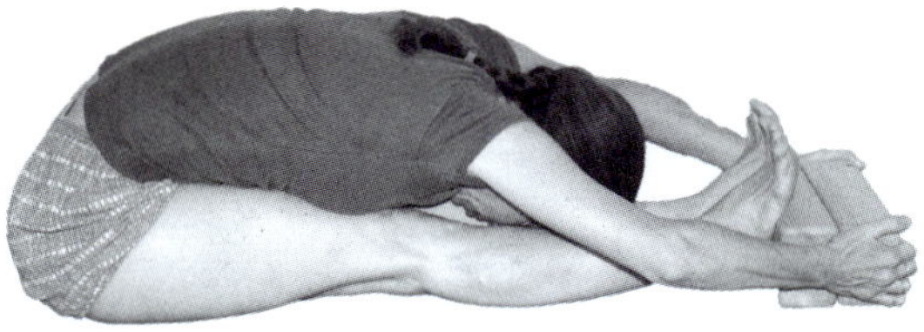

图2　脚掌蹬2块瑜伽砖

图5　运用长凳，加大前伸展的幅度

图3　将瑜伽砖转向长边放置

适用 所有单腿或者双腿前伸展体式，例如头碰膝前屈伸展式（*Jānu Śīrṣāsana*）、半英雄前屈伸展式（*Triaṅga Mukha Eka Pāda Paścimottānāsana*）。

变体3

双腿收紧：瑜伽带捆绑双腿

辅　具
2根瑜伽带
（或更多）

功效　瑜伽带的捆绑可以收紧双腿，使双腿的感觉更加敏锐，还可稳定大腿的内旋。与瑜伽带的阻力形成拮抗可激活双腿。

在手杖式变体 7 中，我们示范了如何使用 6 根瑜伽带稳定和收紧双腿。在此我们使用 2 根瑜伽带。你可以通过增加瑜伽带的数量来增强效果。

→ 手杖式坐立，在大腿、小腿中部各绑 1 根瑜伽带，环扣方向不同。（图 1）

› 大腿内旋，拉紧瑜伽带。

› 身体向前伸展，进入体式。（图 2）

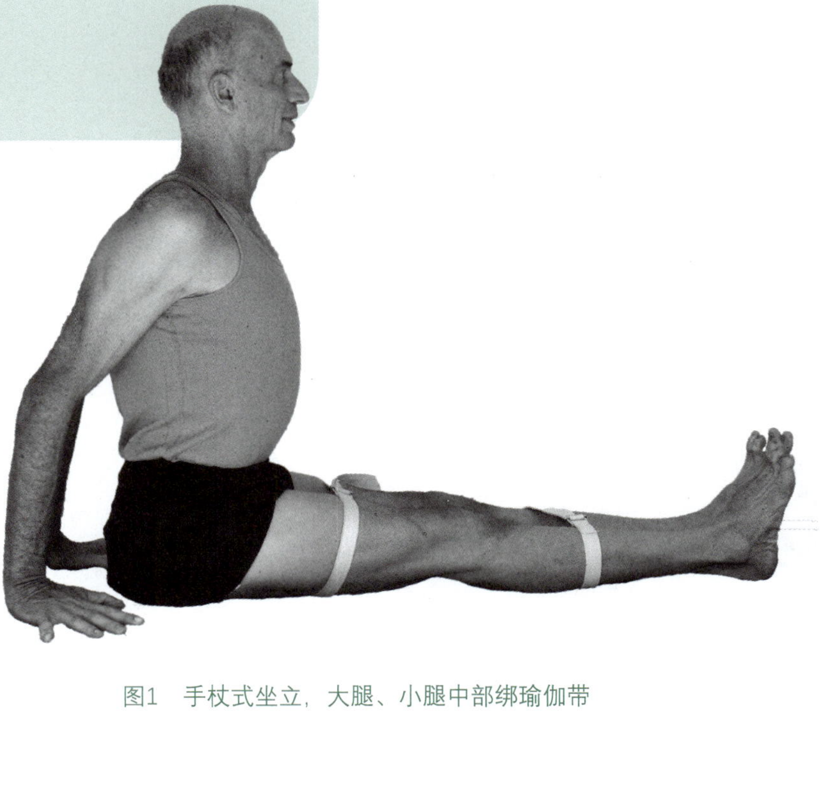

图1　手杖式坐立，大腿、小腿中部绑瑜伽带

适用 瑜伽带捆绑双腿适用于所有双腿并拢、伸展的体式。例如，山式（*Tāḍāsana*，靠墙站立）、倒立体式等。还可以绑着瑜伽带做手杖式循环：上举手臂手杖式（*Ūrdhva Hasta Daṇḍāsana*）、加强背部伸展式（*Paścimottānāsana*）、完全船式（*Paripūrṇa Nāvāsana*）、半船式（*Ardha Nāvāsana*）等。

◎ 如瑜伽带收紧后踝骨感觉不适，可在脚踝之间放上衬垫物。

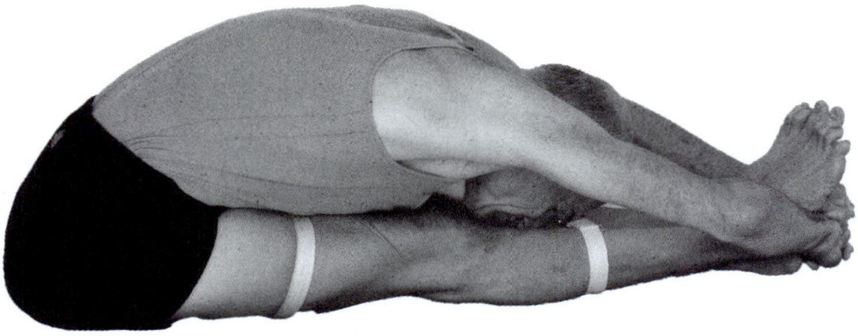

图2　身体向前伸展，进入体式

变体4

打开体侧：双脚套瑜伽带

辅　具

1根瑜伽带

功效　双脚套上瑜伽带，可以激活双脚和双腿。掌心朝下，可更好地外转手臂，上抬双肘。还可以打开躯干的两侧，有助于向前伸展。

→ 手杖式坐立，双腿略微分开，双脚套上瑜伽带。（图 1）

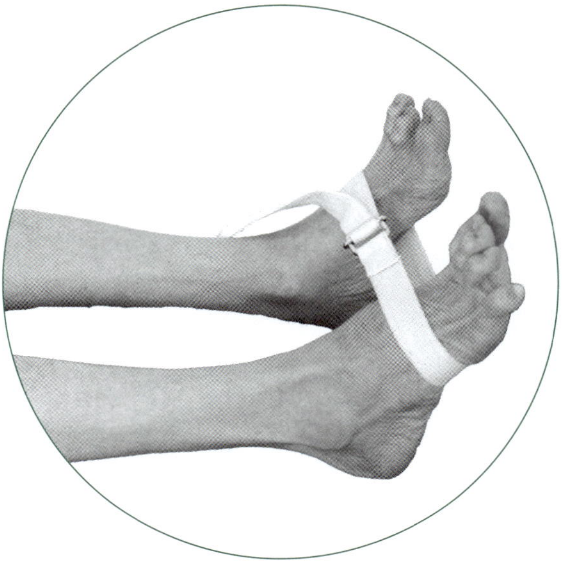

图1　手杖式坐立，双脚套上瑜伽带

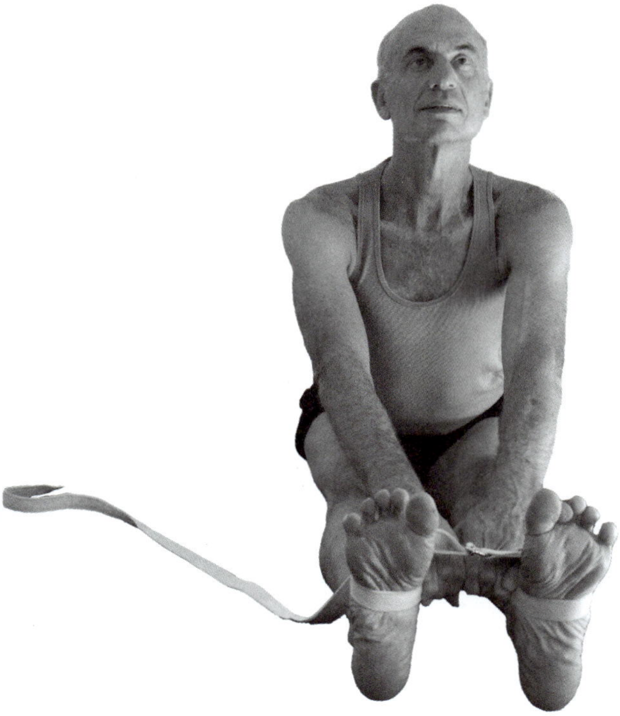

图2　双手抓住瑜伽带的远端

› 双手穿过瑜伽带的近端，从下面抓住瑜伽带的远端。（图 2）

› 双手拉着瑜伽带，身体前屈。双腿与瑜伽带的拉力形成拮抗，伸展、激活并打开双脚。

› 双肘抬起，与肩胛骨同高。

› 利用瑜伽带的拉力向前伸展躯干两侧，同时将脊柱内收向下，进入躯干。（图 3）

› 双手拉瑜伽带时，肩部和斜方肌不要靠近颈部。

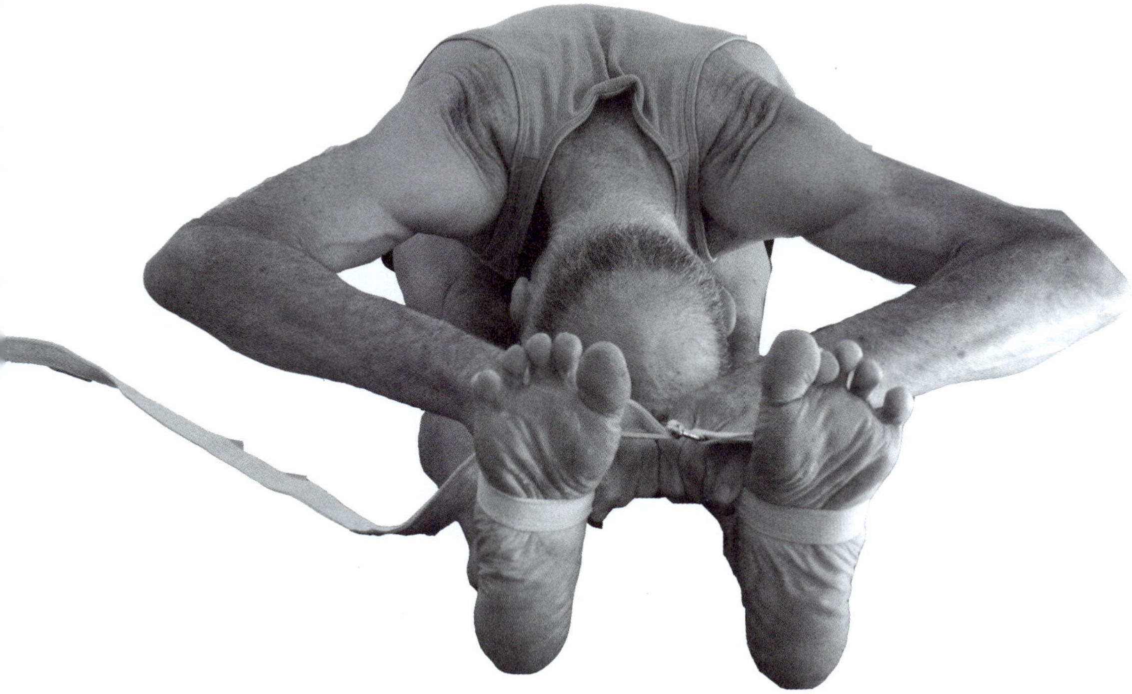

图3　利用瑜伽带的拉力向前伸展躯干两侧

变体5

双腿后侧打开：脚跟放在瑜伽砖上

辅　具

1块瑜伽砖
2把瑜伽椅
1条瑜伽毯（可选）
1根瑜伽带（可选）

功效　脚跟放在瑜伽砖上可以激活双腿，加强双腿的伸展。这个体式教会我们如何把股四头肌压向大腿骨，打开腿和膝关节后侧。它还教会我们如何拉长跟腱。

此体式和手杖式变体 4 类似，但这里我们加上了前伸展动作。

◎ 如果膝关节超伸，则如手杖式变体4那样用一条卷起的瑜伽毯支撑小腿。

→ 手杖式坐立，脚跟放在瑜伽砖上。

› 脚跟前移，伸展跟腱，把跟腱压向瑜伽砖。

› 吸气，胸部拓宽，手臂向上伸展。

› 呼气，手臂向前伸展，双手握住脚趾（如果需要，可以运用瑜伽带）。双臂内侧上提，眼睛向上看，保持脊柱的内凹。（图 1）

› 吸气。呼气时从髋部前屈，并保持躯干的拉长状态。

› 根据自身的能力，以手指交扣，或一只手抓住另一只手掌或手腕，环抱双脚。（图2）

› 进一步伸展躯干，同时双腿下压。

› 前额落于小腿。如果需要，可用折叠的瑜伽毯或者瑜伽抱枕支撑额头。

适用 所有单腿或者双腿前伸展体式。

图1　双臂内侧上提，眼睛向上看

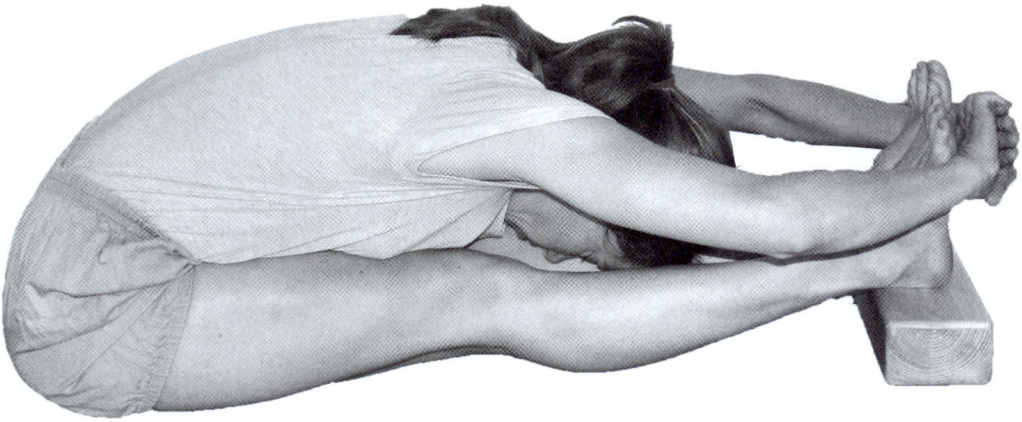

图2　双手环抱双脚，进入体式

选项：支撑坐骨和脚跟

› 用 2 把瑜伽椅（图 3，图 4）支撑坐骨和脚跟。

› 也可如手杖式变体 4 所示，用 2 块瑜伽砖做支撑。

◎ 如果膝关节超伸，不要做此变体。

用 2 把瑜伽椅抬高身体突出了练习时应下压的 4 处骨骼（臀部和脚跟）。支撑脚跟的瑜伽椅为双手提供了抓握的固定处。坐在高处的心理效应，有助于进一步打开膝关节后侧。在进行疗愈性练习时，可以在膝关节处挂上杠铃片（一定要在艾扬格瑜伽认证教师的指导下进行）。

☼ 手臂肌肉不要过于用力，而是将腋窝向手肘方向拉长，躯干向前“流淌”到双腿上。

☼ 大腿前侧肌肉平展向下，贴在大腿骨上。同时大腿后侧肌肉拓宽。想象着大腿非常沉重，就好像在它上面放置了杠铃片（你可将杠铃片真的放在大腿上，来感受一下这种效果）。

图3　用2把瑜伽椅支撑坐骨和脚跟

图4　用2把瑜伽椅支撑坐骨和脚跟，进入体式

变体6

固定双手：双手握住倒置的瑜伽椅

辅　具

1把瑜伽椅

1张瑜伽垫（可选）

1条瑜伽毯（可选）

功效　双手拉瑜伽椅，与双脚的推力形成拮抗，使整个躯干非常好地向前拉伸，并且让我们学会如何运用双脚去伸展双腿。倾斜的瑜伽椅座使每个练习者都能找到适合的抓握位置。使手臂和身体都得到很好的拉伸，手肘也得到椅腿的支撑。

→ 将折叠的瑜伽椅翻转过来，椅腿朝向练习者，后腿放在地面上。

› 手杖式坐立，双脚放在倒置的椅座上。（如果需要，可在椅座和前横档间放置 1 张防滑瑜伽垫。）

› 握住椅腿，调整椅座的角度来支撑双脚。拉着瑜伽椅，屈双腿。身体前侧伸展，背部内凹。（图 1）

› 呼气时伸直双腿，并保持背部内凹。（图 2）

› 躯干向前、向下找双腿，进入加强背部伸展式。肘部放在瑜伽椅腿上。前额落在瑜伽椅的横档上（图 3）或者折叠的瑜伽毯上（图中未示出）。

图1　拉着瑜伽椅，屈双腿

图2　呼气时伸直双腿

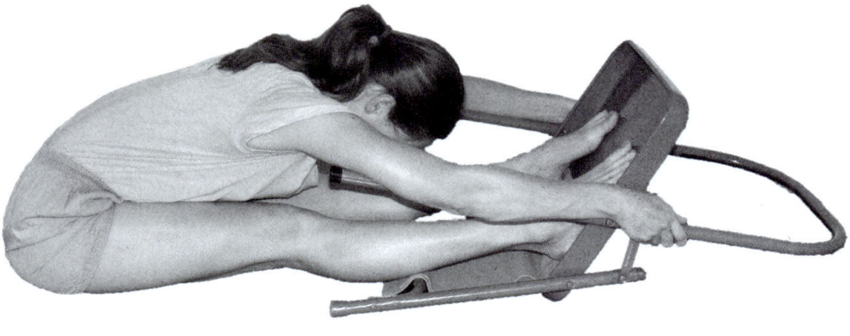

图3　躯干向前、向下，进入体式

变体7

臀部两侧抬高：支撑髋部

辅　具

2条瑜伽毯

功效　臀部两侧抬高，可使体式更稳定，支撑的力量有助于骨盆带的扩宽。还可使尾骨提起、内收，从而有助于伸展脊柱。

→ 手杖式坐立。

› 将2条卷着的瑜伽毯斜塞入臀部侧面，使骨盆带收紧。

› 身体前屈，进入加强背部伸展式。（图1）

☼ 返回到手杖式，拿掉瑜伽毯，重复此体式。拿掉瑜伽毯后，你需要启动哪些肌肉才能得到刚才收紧的效果？

适用 所有单腿或者双腿前伸展体式。

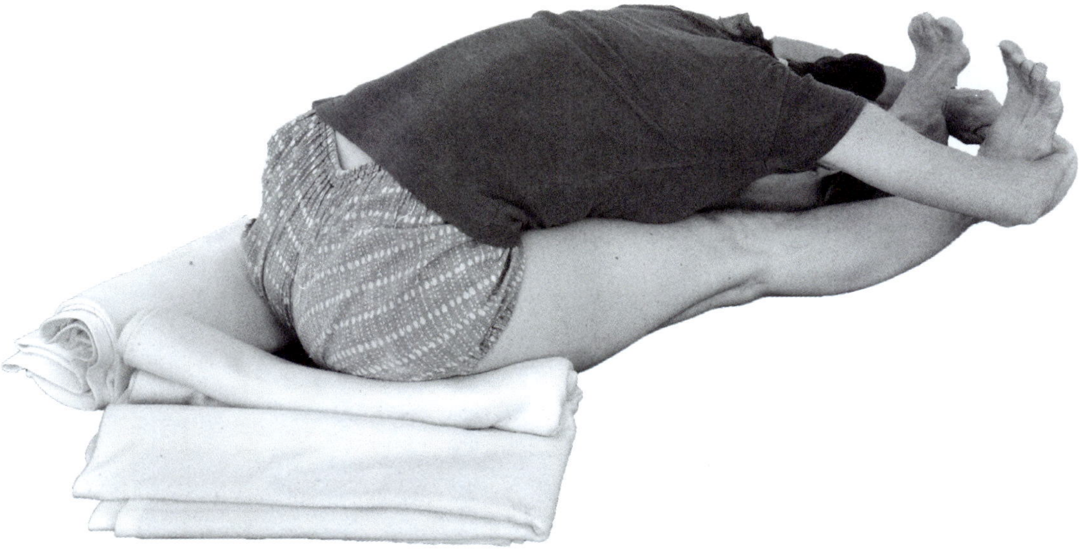

图1　臀部两侧抬高，进入体式

进入加强背部伸展式的标准方式是双腿保持伸直，压实地面，躯干向前靠向双腿，直到身体折叠，躯干前侧落在双腿上。如果强迫身体进入体式，则会导致双腿僵紧，阻碍腘绳肌的伸展，并且对下背部施加过度的拉力。为了舒适地前伸展，腘绳肌必须被拉伸开。

屈腿逐渐进入体式有助于拉伸腘绳肌。屈腿坐立，躯干贴靠大腿，然后，双腿缓慢伸直，保持躯干与大腿的贴靠。体验身体柔和、深入地折叠，进入体式。耐心、缓慢地将脚跟向前滑动，或者臀部向后滑动，来伸直双腿。

变体8~10演示了如何在地面上屈腿进入此体式。如果需要，可将脚跟和坐骨用瑜伽毯支撑，不要用瑜伽垫，以免难以滑动。

变体8

屈腿，臀部向后滑动：双手抓握四棱柱或墙钩

辅　具

1个四棱柱或较低的墙钩
1个瑜伽抱枕
2条瑜伽毯（可选）

功效　臀部向后滑动可拉长腘绳肌，这是前伸展的一个关键点。

→ 坐在地面上，或者瑜伽毯上（不是防滑瑜伽垫）。双脚抵墙，面对四棱柱（或者墙钩），双腿弯曲。

› 双手向前，抓住立柱。

› 躯干向前伸展，靠向大腿。弯曲双腿，躯干尽可能贴靠在双腿上。

› 低头，在这里停留几个呼吸，并保持放松。（图 1）

› 双脚蹬墙，臀部向后缓慢滑动。

› 保持躯干贴靠大腿，头部向下，臀部向后滑动，直至双腿伸直，前额落于小腿。（图 2）（如果需要，可用折叠的瑜伽毯或瑜伽抱枕支撑头部）

☼ 循序渐进地做。小心，不要过度拉伸腿后侧以及下背部的肌肉和韧带。

☼ 保持腹部柔软，呼吸顺畅。

☼ 当你向后滑动时，保持前额向下，躯干被动。耐心、缓慢地蹬直双腿。假以时日，最终定能将身体完全折叠，躯干贴靠大腿、前额贴靠小腿，双腿伸直。

图1 双手抓握四棱柱，低头，停留几个呼吸

◎ 当臀部向后滑动时，双腿不要夹住臀部肌肉，下背部不要卷起。

◎ 在没有较低的墙钩时，可以握住任何固定的物品或重物，例如四棱柱或者倒手杖长凳，甚至是柜子或者钢琴！

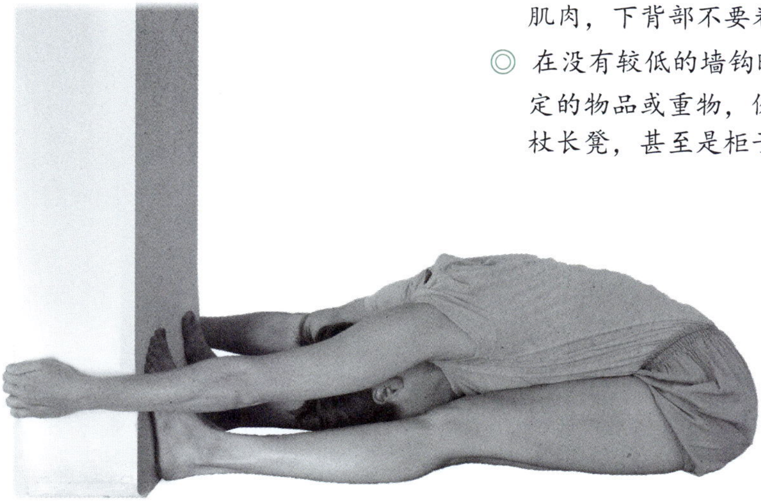

图2 臀部向后滑动，进入体式

变体9

屈腿，双脚向前滑动：瑜伽带套住骨盆和脚跟

辅 具

1根长瑜伽带

2条瑜伽毯

（可选）

功效 瑜伽带套住骨盆和脚跟，双脚向前滑动时，腿部的力量通过瑜伽带向前牵拉臀部上侧区域，可使躯干从基底前移，毫不费力地深入折叠，进入体式。瑜伽带适当拉紧时，会给身体创造一个结构支撑，使体式非常稳定，身体得以放松。

此变体与手杖式变体 3 类似，但在这一体式中瑜伽带套在略高于骶骨处。

→ 手杖式坐立于地面上，或者折叠的瑜伽毯上。脚跟放在光滑的表面上，使它容易滑动。

› 屈双腿。用 1 根长瑜伽带套住脚跟和骶骨带略上方处。

› 保持屈腿，适度拉紧瑜伽带。要调整到有被捆绑住的感觉。（图 1）

› 从骶骨带上端前屈，握住双脚，或双手互握，低头（如果需要，额头可放在折叠的瑜伽毯上）。

› 双脚脚跟向前滑动，保持躯干贴靠双腿。

› 头部不要抬起，前额贴靠小腿。

› 保持体式，慢慢将双腿向前伸展。如果可以，双腿完全伸直，进入加强背部伸展式。（图 2）

☼ 将折叠的瑜伽毯放在小腿上支撑额头，可得到更多的安抚效果。

☼ 如果腘绳肌较短，双腿可能无法完全伸直，躯干难以保持贴靠双腿。这时一定要保持躯干和双腿的贴靠，然后给自己足够耐心，将脚跟一点一点向前滑动。经过坚持不懈的练习，腘绳肌就会被逐渐拉长。

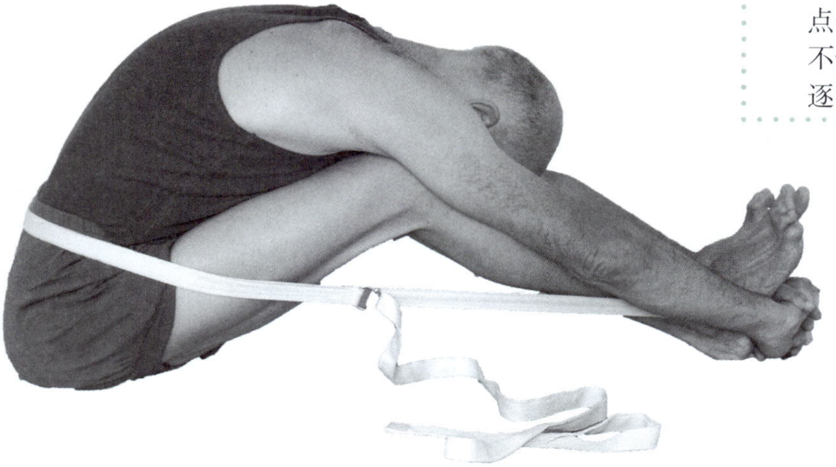

图1　屈腿，适度拉紧瑜伽带

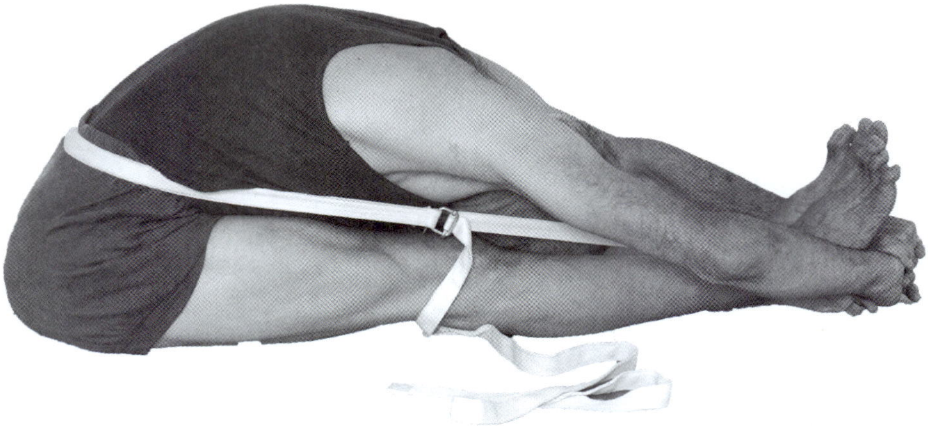

图2　双腿向前伸展，进入体式

变体10

屈腿，双脚向前滑动：瑜伽带套住骨盆、背部和脚跟

辅　具

2根长瑜伽带 

功效　用2根长瑜伽带套住骨盆、背部和脚跟，下方的瑜伽带用于稳定体式，脚跟向前滑动时，它牵拉臀部上侧和下背部向前进入体式。上方的瑜伽带可以牵拉中背部向前、向下，并且拉长背部肌肉。

使用2根长瑜伽带，可以提高变体9的效果：

→ 手杖式坐立，屈腿。用一根长瑜伽带套住骨盆和脚跟，用另一根套住中背部和脚跟。

› 双脚脚跟向前滑动，绷紧瑜伽带。

› 上身前屈，进入手抓大脚趾手杖式（*Pādanguṣtha Daṇḍāsana*）。根据背部的具体情况适度拉紧上方的瑜伽带。（图1）

› 躯干继续向前、向下，慢慢接近最终体式。随时收紧瑜伽带，保持其对背部的支撑。

› 慢慢进入最终体式。（图2）在此过程中随时调整瑜伽带。

◎ *Uddiyana Kriyā* 的意思是腹部激活活动，使腹部内脏器官内收上提（向胸腔方向）。注意这不是*Bandha*（锁结），而是*Kriyā*（激活）。

适用 所有基础前伸展体式。

☼ 运用呼吸来深入体式：吸气，拓宽胸腔；呼气，做轻柔的 *Uddiyana Kriyā*。重复几次，安静地在体式中停留。

图1　一根长瑜伽带套住骨盆和脚跟，另一根套住中背部和脚跟

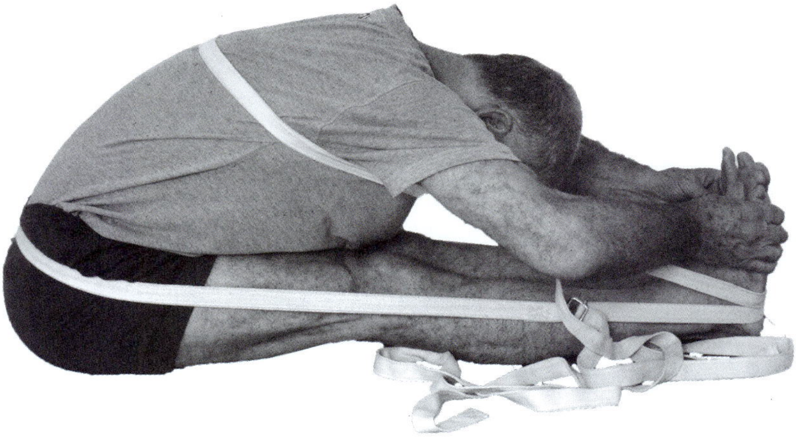

图2　躯干向前、向下，进入体式

变体11

固定根基：搭档用瑜伽带向后、向下拉

辅　具

1位搭档

1根瑜伽带

或1根瑜伽绳

功效　搭档在体后向后、向下拉瑜伽带，明确了体式中相关动作的方向，使腹股沟柔软、稳定，向下沉落。坐骨得以坐实地面，下背部保持拱形，使心情平和。躯干向前伸展时，不干扰体式的宁静。

→ 手杖式坐立，将瑜伽带（绳）横放于大腿上端。

› 当搭档向后、向下拉瑜伽带（绳）时，前屈，进入体式。（图 1）

◎ 如果有较低的墙绳，可以借此自己完成此变体。

› 搭档也可以将瑜伽带放在练习者的骶骨带，将骶骨向下压（图 2）（图 3 给出了瑜伽带放置的位置）。

☼ 感受外力带来的宁静，然后让搭档停止施力，学着自己去重复相似的感觉。

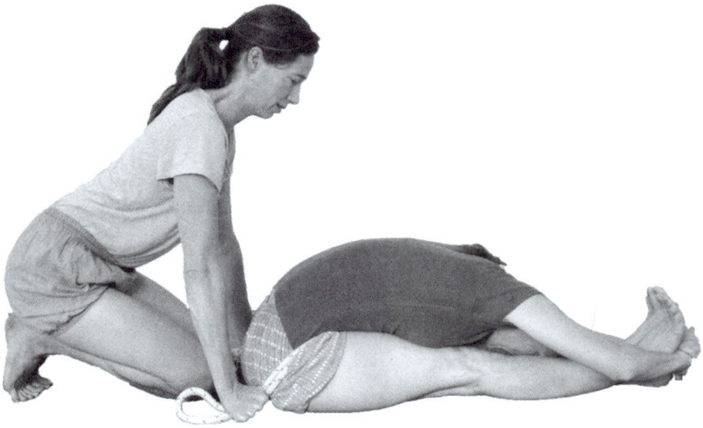

图1　搭档向后、向下拉瑜伽绳，进入体式

图2　搭档帮助，将骶骨向下压

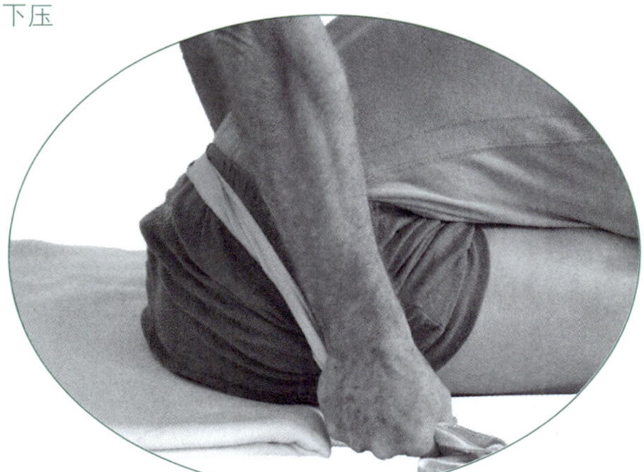

图3　瑜伽带放置的位置

变体12

更深入地前屈：瑜伽带捆绑大腿和背部

辅　具

1根瑜伽带 

功效　瑜伽带捆绑大腿和背部，有助于更深入地前屈、折叠，进入体式，并且在体式中不费力地保持。身体伸展、放松的状态有助于腘绳肌的拉长。瑜伽带对背部的捆绑，使练习者能感知到背部的形态。

◎ 这是针对能轻松前屈进入体式者的高级变体。

→ 手杖式坐立，躯干略向前屈，屈腿。然后将瑜伽带套住大腿和背部，拉紧。将环扣放在身体侧面，瑜伽带的自由端向下，以便随时做出调整。双手抓住双脚外侧（图 1）

› 保持上背部的内凹，双腿慢慢伸直。（图 2）

› 前屈，进入加强背部伸展式。躯干向前、向下移动时随时拉紧瑜伽带。（图 3）

◎ 也可将杠铃片放在背上，或者让搭档在练习者背上做孔雀式（*Mayūrāsana*，《瑜伽之光》，图162）。

图1　瑜伽带捆绑大腿和背部

图2　进入手抓大脚趾手杖式

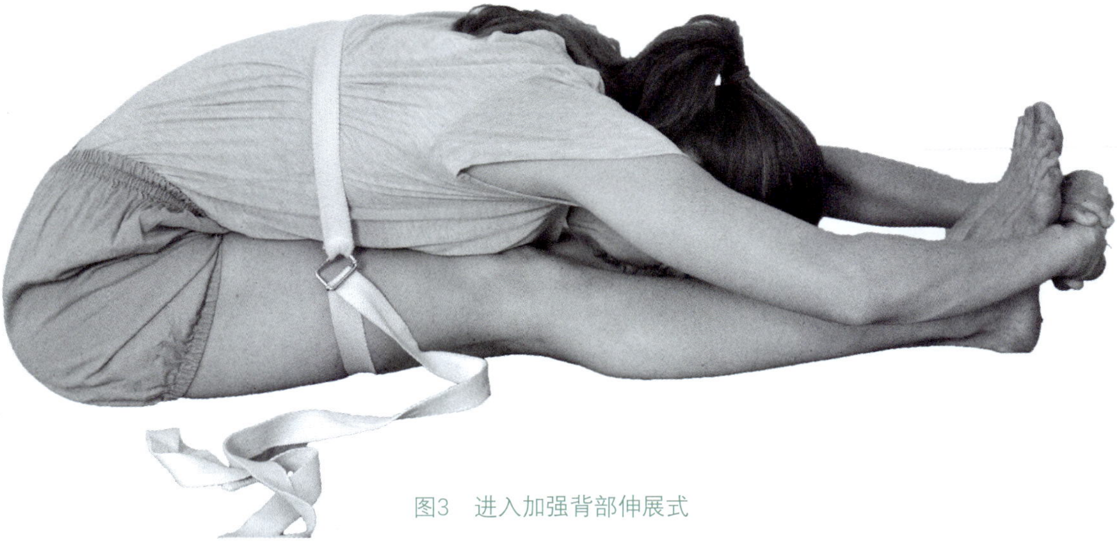

图3　进入加强背部伸展式

变体13

疗愈性，打开身体两侧：瑜伽砖支撑双肘

辅　具
2块瑜伽砖
1条瑜伽毯

功效　瑜伽砖支撑双肘，有助于上臂和双肩的抬起。手臂的拉力可以打开并拉伸身体两侧，拓宽背部。

在加强背部伸展式中抬起双肘，可以打开并上提躯干侧面和腋窝，有助于椎骨内收进身体，使背部变平。在长时间保持体式时瑜伽砖可为双肘提供支撑。

→ 手杖式坐立，在双腿两侧对称地各放1块瑜伽砖。小腿上放置1条折叠的瑜伽毯。

› 屈肘，向两侧打开，上提，进入加强背部伸展式。

› 握住双脚，将双肘分别放在两块瑜伽砖上。根据需要，调整瑜伽砖的位置。

› 前额落于瑜伽毯上，保持体式，缓慢呼吸。（图1）

◎ 也可以用倒置的瑜伽椅支撑肘部。

☼ 躯干两侧向腋窝中部伸展，腋窝沉降。手臂内侧从腋窝中心开始向肘部内侧伸展，从而拓宽肘部。

☼ 为了在不使用瑜伽砖时能达到同样的效果，胸部沉降的同时转肘向上。确保双肘和肩胛骨同高。

图1　瑜伽砖支撑双肘，进入体式

变体14

疗愈性，放松头部：前额落于瑜伽椅上

辅　具

1把瑜伽椅
1条瑜伽毯
1个瑜伽抱枕（可选）
1块瑜伽砖（可选）

功效　前额落于瑜伽椅上，使头部得到支撑，大脑可以放松、冷静。瑜伽椅提供的支撑较高，为躯干创造了空间，使得呼吸顺畅。瑜伽椅还提供了多个双手抓握的位置，从而丰富了体式的体验，从积极的伸展到被动的放松。

→ 手杖式坐立在瑜伽椅前，双脚抵在后横档处。将 1 条折叠的瑜伽毯放在椅座上，以支撑头部。

◎ 如果后横档太高，可在其前方地面上放置1块木质瑜伽砖，双脚抵砖。如果没有后横档，可在瑜伽椅后腿上绑1根瑜伽带来代替。

› 双手握住椅座两侧，拉着它，躯干向前伸展。

› 呼气，躯干前屈。双手上移，握住椅背。

› 躯干放低，将前额落于椅座上。（图 1）

◎ 如果需要，前额可以用瑜伽抱枕或者瑜伽砖进行支撑。

› 双手握住椅座后缘，更深入地进入体式。

› 为了更进一步深入体式，可以握住瑜伽椅后腿，躯干向前伸展，头和躯干钻到椅座下，前额落于前横档上。（图 2）

☼ 尝试将手放到瑜伽椅的不同位置，观察它们对躯干伸展效果的影响。

图1　前额落于椅座上

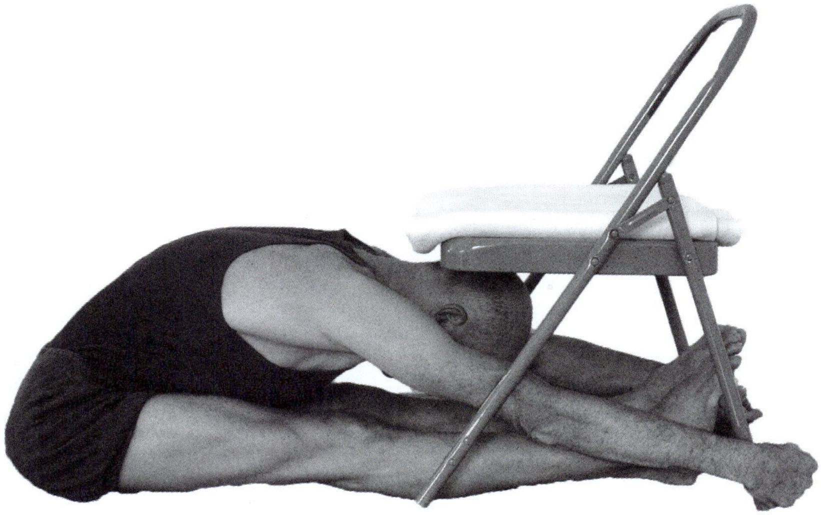

图2　前额落于前横档上

变体15

疗愈性，放松头部：前额落于瑜伽抱枕上

辅　具
1个瑜伽抱枕
2~3条瑜伽毯

功效　将前额放到瑜伽抱枕上，抱枕的柔软支撑能给头脑带来放松和平静的感觉。用瑜伽毯支撑腹部和下背部，可增强体式的安抚效果。

→ 手杖式坐立在1~2条折叠的瑜伽毯上，将另一条瑜伽毯三折，横放在大腿根部，1个瑜伽抱枕横放在小腿上。

› 前屈，进入体式，小腹落于折叠的瑜伽毯上，前额和双肘落于瑜伽抱枕上。（图1）

☼ 在将腹部放到瑜伽毯上之前，腹部上提，向前伸展，使下腹部贴靠瑜伽毯。

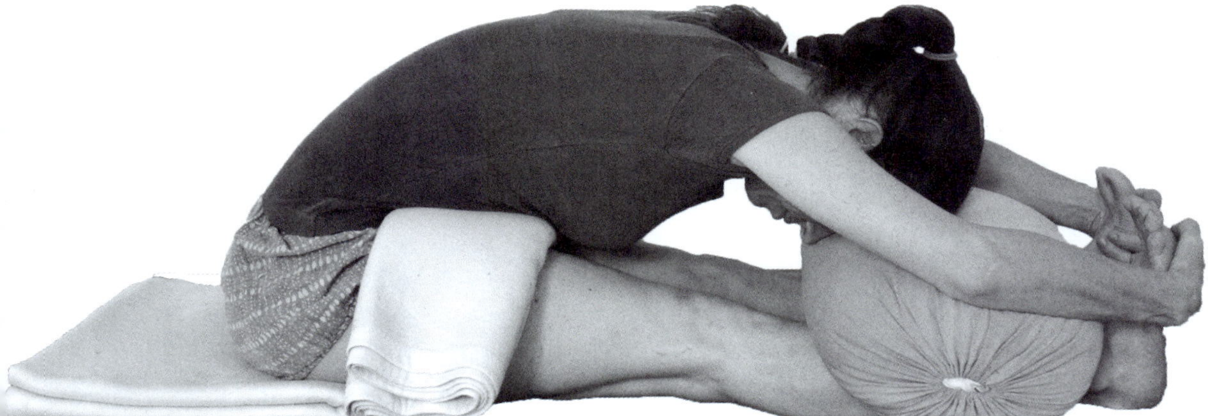

图1　前额和双肘落于瑜伽抱枕上

变体16

疗愈性，运用地心引力：坐在瑜伽椅上

辅　具

1把瑜伽椅

2张瑜伽垫

墙面

1个瑜伽抱枕或1条瑜伽毯

1根墙绳

1根瑜伽带（可选）

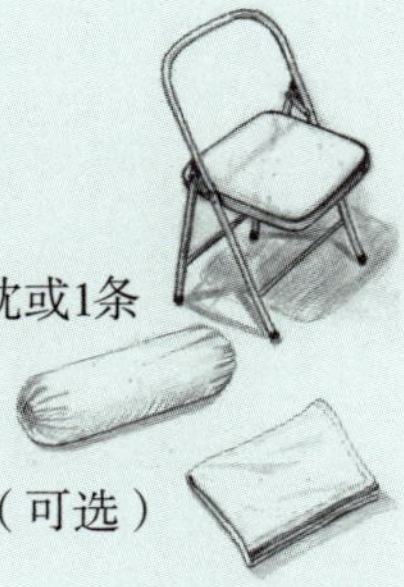

功效　坐在瑜伽椅上，可利用地心引力带来的拉力帮助背部肌肉逐渐延展。

→ 将瑜伽椅靠墙放置，瑜伽椅下铺一张防滑瑜伽垫。椅座上铺放另一张折叠的防滑瑜伽垫。手杖式坐在瑜伽椅前缘，双脚抵墙。

› 将一个瑜伽抱枕放到小腿上。

› 前屈，双手握住双脚，背部内凹，眼睛向前看向墙面。（图1）如果双手够不到脚，可将瑜伽带套在脚上，双手拉瑜伽带。

◎ 如果有较高的墙绳，可以利用它们伸展躯干（图2），这对因脊椎受挤压而导致的背痛者尤其有益。

› 深入前屈，前额落于瑜伽抱枕上。（图3）

图1　双手握住双脚

图2　双手握住墙绳

☼ 躯干向下贴靠大腿时要保持腹股沟和腹部的柔软。

图3 前额落在瑜伽抱枕上

接下来的三个变体都属于高级变体，需要练习者具有良好的柔韧性和协调性。

变体17

脸朝上加强背部伸展一式：运用墙绳

辅 具

2根墙绳

1位搭档（可选）

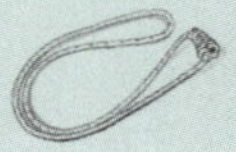

功效 运用墙绳，借助体重，有助于身体折叠进入体式。此变体可提升背部的柔韧性，同时可以几乎毫不费力地伸展双腿后侧。

此变体可以很好地为加强背部伸展式的最终体式做准备，身体的重量有助于身体的折叠。

标准的上端墙绳需要对折。

→ 双手握住墙绳，爬上墙。

› 如果可以，一直向上爬到整个身体倒挂在手倒立式（*Adho Mukha Vṛkṣāsana*）中。（图 1）

› 然后，臀部慢慢下滑，身体折叠，进入脸朝上加强背部伸展一式（*Ūrdhvā Mukha Paścimottānāsana* Ⅰ，《瑜伽之光》，图 168）。（图 2）

› 搭档可坐在瑜伽垫上，帮助练习者折叠进入体式，并且减轻双臂的负荷，这对更深入的折叠进入体式非常有效。（图 3）

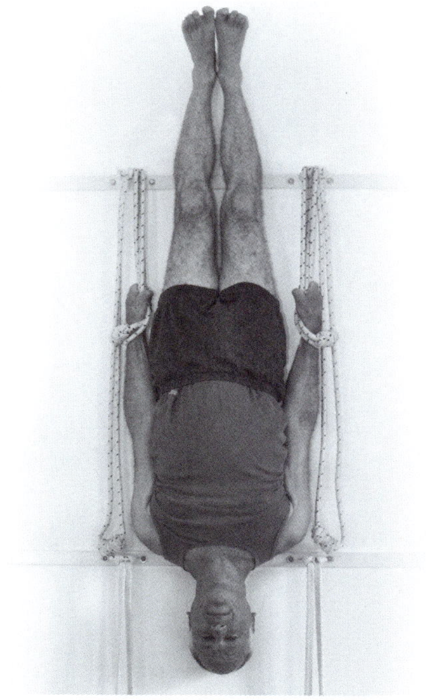

图1　整个身体倒挂在手倒立式中

图2　进入脸朝上加强背部伸展一式

图3　搭档帮助练习者折叠进入体式

变体18

脸朝上加强背部伸展二式：运用墙绳

辅　具

2根墙绳

功效　重力带来的拉力有助于折叠身体。以这种颇具挑战性的方式进入体式能够提高协调性，增强自信。

→ 背靠墙，握住上端的墙绳。

› 双脚蹬墙向上挪，直到身体平行于地面。（图 1）

› 在沿着墙向下挪步的同时折叠身体。挪步和折叠的动作要协调一致。（图 2）

› 转动臀部向下，身体向上折叠，进入脸朝上加强背部伸展二式（*Ūrdhvā Mukha Paścimottānāsana* Ⅱ，《瑜伽之光》，图 170）。（图 3）

图1　双脚蹬墙向上挪，身体平行于地面

图2　沿着墙向下挪步的同时折叠身体

图3　身体折叠，进入体式

变体19

脸朝上加强背部伸展二式：搭档向下推

辅　具

1条瑜伽毯

1位搭档

1根瑜伽带（可选）

功效　此变体可以伸展并舒缓背部肌肉和腘绳肌。搭档施加的外力有助于练习者更深入地折叠进入体式，使腹股沟和腹部保持非常柔软、放松。

给练习者的指导：

→ 仰卧，双腿抬起，身体折叠，进入脸朝上加强背部伸展二式（*Ūrdhvā Mukha Paścimottānāsana* Ⅱ，《瑜伽之光》，图170），双腿保持伸直，收紧。

› 双手在脚后十指交扣，臀部和双脚向地面方向沉降，保持双腿平行于地面。

◎ 如果双手够不到双脚，可用瑜伽带辅助。

给搭档的指导：

→ 在练习者臀部上铺放1条折叠的瑜伽毯。

› 同时将练习者的臀部和脚跟或脚踝柔和地推向地面方向，使其双腿平行于地面。（图1）

◎ 搭档最好选同性别。

☼ 搭档施加的外力可以帮助练习者充分打开膝关节后侧，拉伸腿部。

☼ 尽可能保持背部在地面上。不要向犁式（*Halāsana*）发展。

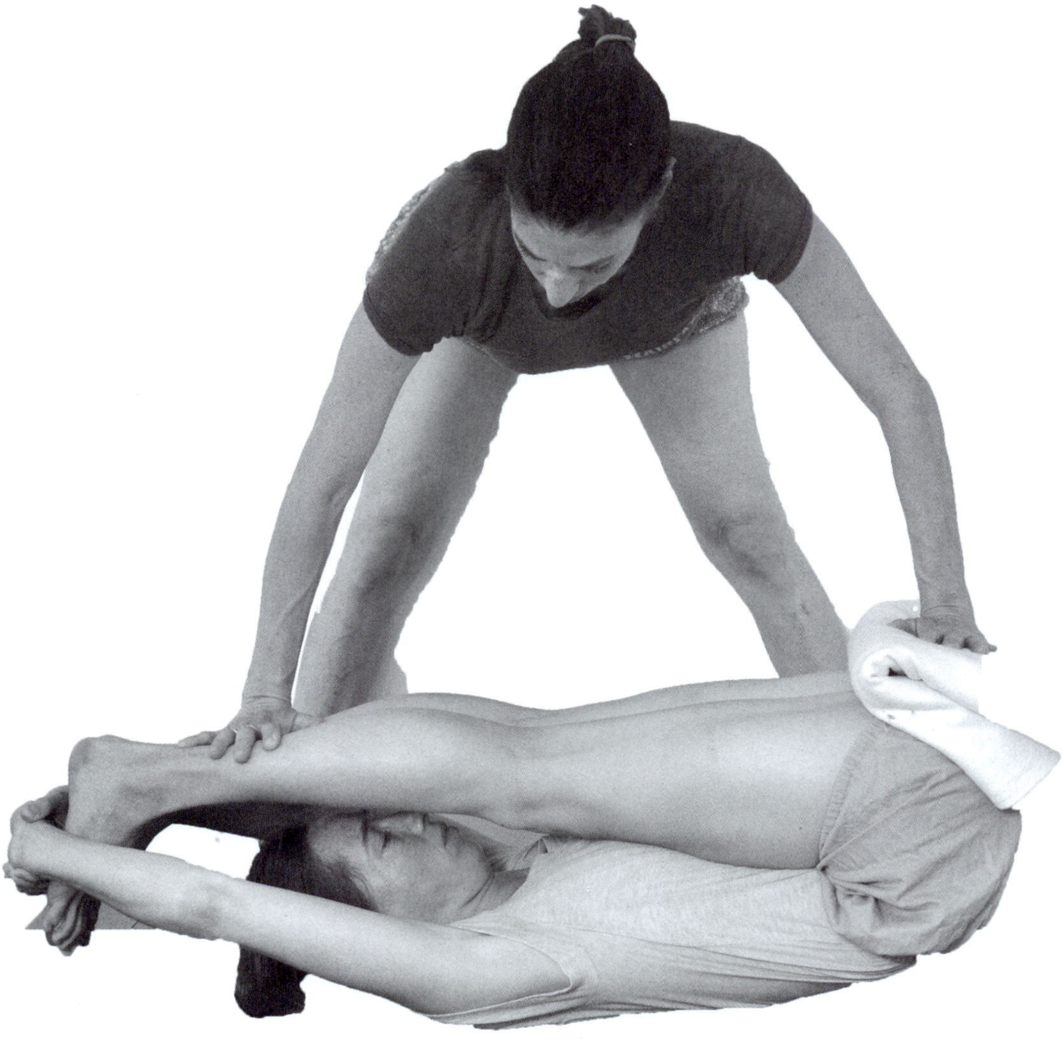

图1　搭档帮助，将练习者的臀部和脚踝推向地面

头碰膝前屈伸展式

（*Jānu Śīrṣāsana*）

头碰膝前屈伸展式是一个不对称体式，几个方向的动作需要同步。弯曲一条腿，大腿外旋时容易将屈腿一侧的躯干向后拉，使该侧的背部凸出更多。背部要保持与加强背部伸展式中同样的对称。这很有挑战性，需要进行有效的练习。

为了保护腘绳肌，伸直腿的膝关节后侧要保持完全打开，上下内外四侧要均匀伸展。伸直腿的大腿不要抬离地面。
如果膝关节有损伤或疼痛，请不要做此体式。或者征求有经验的老师的意见。
如果腘绳肌因过度伸展而感觉酸痛，动作要温和，避免受伤。

变体1

身体侧转：运用瑜伽带

辅　具

1根瑜伽带

1条瑜伽毯

功效　运用瑜伽带，可为身体的侧转动作提供杠杆作用。

这是头碰膝前屈伸展式的准备体式，我们从中可学习身体的侧转，使身体正对伸直的腿。

屈右腿做体式：

→ 手杖式坐立，右腿向右弯曲。

› 将瑜伽带套在左脚脚跟处，脚跟下方放置 1 条折叠的瑜伽毯。

› 右手握住瑜伽带。左手在背后支撑地面，双手用力帮助躯干从右向左转。（图 1）

› 把瑜伽带绕成 1 个小环，套住左脚脚跟，将瑜伽带自由的长端放到身体右侧。

› 左膝微屈，左臂绕过背部，左手握住瑜伽带的长端，且尽可能抓握瑜伽带远处。（图 2）

› 在左腿伸直的同时，左肩转正，躯干从右向左转。（图 3）

适用 半莲花前屈伸展式（*Ardha Padma Paścimottānāsana*）、
半英雄前屈伸展式（*Triaṅga Mukha Eka Pāda Paścimottānāsana*）、
圣哲玛里琪式（*Marīchyāsana*）。

图1　躯干从右向左转

图2　左手握住瑜伽带的长端

图3　左腿伸直的同时，左肩转正，躯干从右向左转

变体2

屈腿外旋：脚跟抵靠瑜伽抱枕

辅 具

1个瑜伽抱枕

1条瑜伽毯（可选）

功效 脚跟抵靠瑜伽抱枕，教会我们如何将膝关节后移，使两大腿成钝角。

如变体 1 所示，弯曲一侧的腿后旋、后移时，将身体转正是很有挑战性的。《瑜伽之光》中指出：“两条腿的夹角应该是钝角。”这意味着右大腿应该向侧面打开超过 90°，右脚脚跟应贴近右腹股沟。

此变体是头碰膝前屈伸展式的预备阶段，练习将弯曲的腿摆放到正确的角度。

屈右腿做体式：

→ 将瑜伽抱枕横放，手杖式坐在瑜伽抱枕右端。

› 右腿从膝关节内侧开始弯曲。膝关节向后挪，脚跟抵靠在瑜伽抱枕的右端，尽量贴近右腹股沟。（图 1）

◎ 如果膝关节不能落地，则用折叠的瑜伽毯支撑。

› 双手帮助转动腰部和胸部，直到整个躯干正对左腿。

› 吸气，打开胸腔，呼气时前屈进入体式。（图 2）

◎ 如果需要，用折叠的瑜伽毯或瑜伽抱枕支撑前额。

◎ 为了左转更多，尝试将脸颊右侧放在支撑物上。

图1　脚跟抵靠在瑜伽抱枕的右端，尽量贴近右腹股沟

图2　呼气时前屈进入体式

变体3

屈腿外旋：搭档将大腿向后拉

辅 具

1位搭档

1根瑜伽绳或

瑜伽带

功效　搭档用瑜伽绳的一端将练习者的大腿向后拉，加强了两个方向的伸展：躯干向前伸展，大腿后旋。还可利用瑜伽绳的另一端帮助练习者大腿内侧的延展。

屈右腿做体式：

→ 手杖式坐立，右膝关节后侧放入瑜伽绳，屈右腿。

› 搭档在练习者的身体右侧将瑜伽绳向后拉，帮助右大腿后移，外旋。

›躯干右侧从右侧腰开始向腋窝方向伸展。

› 腹部右侧左转。

› 躯干前侧朝左腿方向转，向前伸展，进入体式。（图 1）

☼ 搭档辅助时，将两股瑜伽绳分开，用下面的一股将膝关节内侧向外延展，另一股将大腿向后拉。（图1）

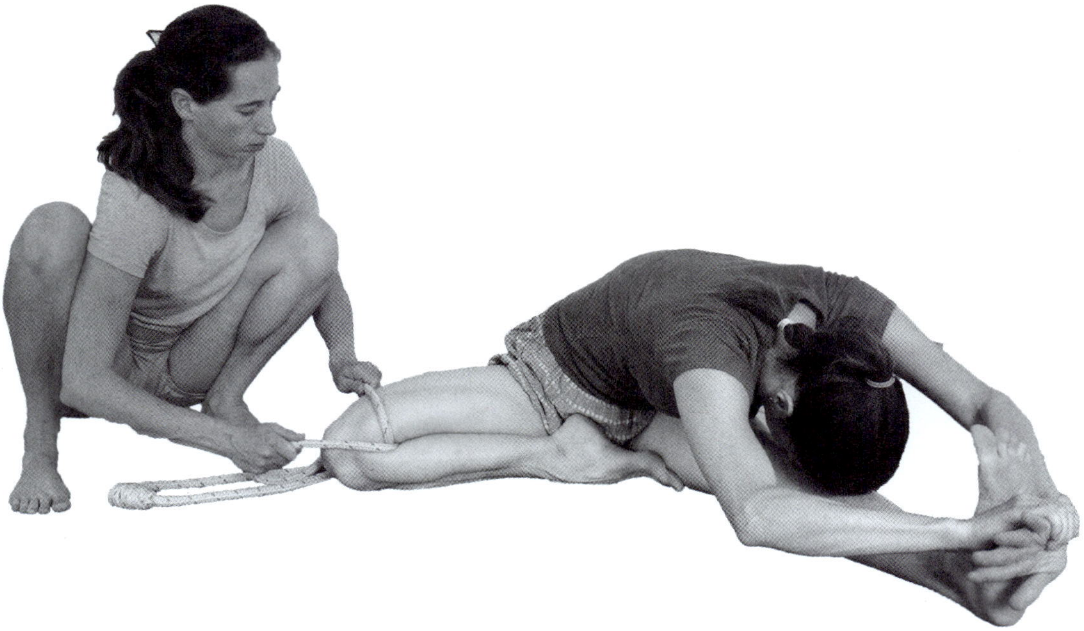

图1　躯干前侧朝左腿方向转，向前伸展，进入体式

变体4

保持屈膝向后：膝关节抵墙

辅　具

墙面
1条瑜伽毯
1个瑜伽抱枕（可选）
1张瑜伽垫
或另外1条瑜伽毯（可选）

功效　膝关节抵墙有助于防止它向前滑动，还可以帮助大腿伸展。

此变体不需要搭档的帮助，练习者可独立完成，能达到与前一变体相同的目的。

屈右腿做体式：

→ 身体右侧朝墙坐立，离墙约 50 厘米，左臀下方可放置一条折叠的瑜伽毯。

› 屈右腿，身体向右挪，直到右膝关节抵墙。（图 1）

› 身体微微向前挪动一点。墙的阻力可以防止膝关节移动，因此，在向前挪动时，两大腿之间的夹角会变大。（图 2）

› 保持右大腿的伸展，前屈进入体式时能保持膝关节对墙的抵靠，前额和小腿胫骨间可放置 1 个瑜伽抱枕。（图 3）

◎ 如果墙面太硬，膝关节感觉不适，可在膝关节和墙面之间垫1张瑜伽垫。

图1　右膝关节抵墙

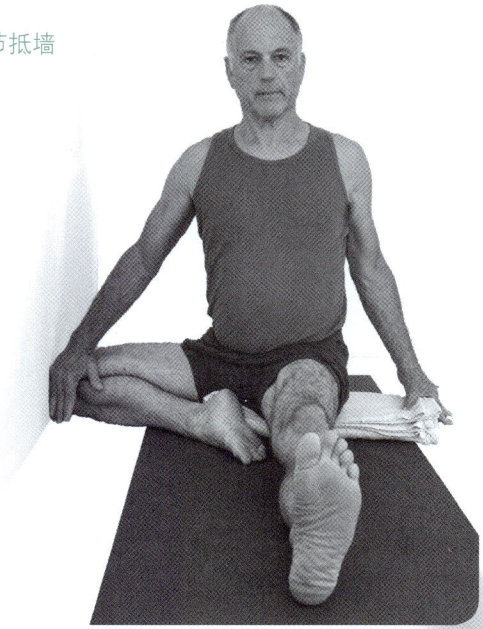

图2　身体向前挪动，两大腿之间的夹角变大

图3　前额和小腿胫骨间放置1个瑜伽抱枕

变体5

保持屈膝向后：捆绑弯曲腿

辅 具 
1根瑜伽带

功效 用瑜伽带捆绑弯曲腿可使股骨头保持在髋关节内。双手抓脚能帮助躯干回正。这些动作可加深屈膝的觉知，并帮助它向外、向后转。

屈右腿做体式：

→ 手杖式坐立，屈右膝向侧。

› 将1根瑜伽带做成环状，套住骨盆和弯曲的膝关节，拉紧。

› 左肩、左臂后移，左手抓住瑜伽带，利用此拉力将躯干向左转。（图1）

› 进入体式时，弯曲的膝关节应持续地伸展，拉紧瑜伽带。（图2）

图1　左手抓住瑜伽带，躯干向左转

图2　弯曲的膝关节持续地伸展，拉紧瑜伽带，进入体式

变体6

不同方式进入体式：膝关节向后滑动

辅　具
1条瑜伽毯

功效　用此方式进入体式，即便膝关节后移，背部也能保持对称的结构，从而保持腹部的稳定。

前面的变体能帮助膝关节后移，使其向后打开并保持，然而，背部可能会向屈膝的一侧倾斜。因此，右膝向后打开之后，我们不得不去努力调整，让背部右侧放低，放平。

此变体提供了一种相反的方法：首先进入体式，保持膝关节向侧打开约60°，然后背部保持不动，再将膝关节向后滑，打开90°，甚至更大。

屈右腿做体式：

→ 铺好瑜伽毯（不要使用瑜伽垫），手杖式坐立其上。

› 屈右腿，膝关节向右侧打开约60°。

› 躯干从右向左转动，前屈，保持腰两侧均匀地向前伸展。（图1）

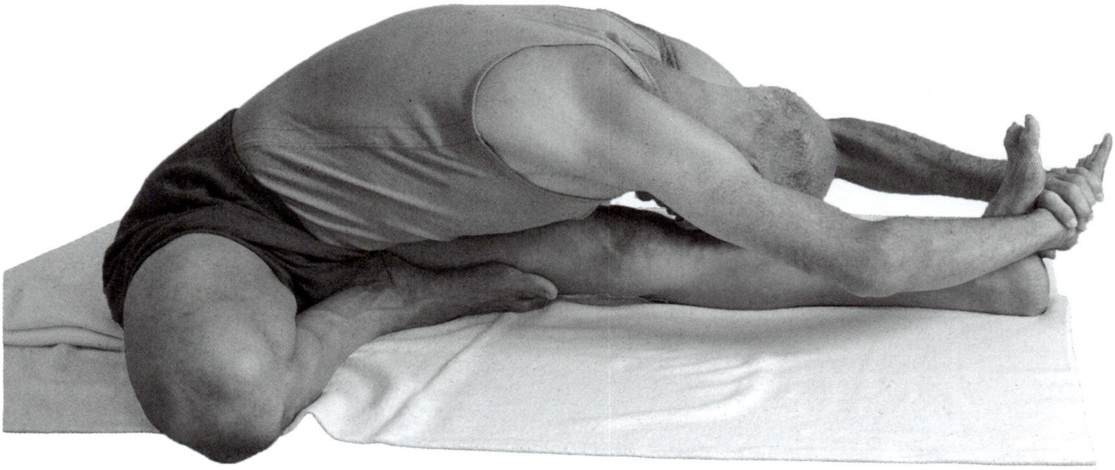

图1　躯干从右向左转动，前屈，保持腰两侧均匀地向前伸展

› 躯干放低，保持一段时间。

› 然后，在保持背部右侧既不凸起，也不侧向移动的同时，右膝向后滑动，两大腿之间形成一个钝角。（图 2）

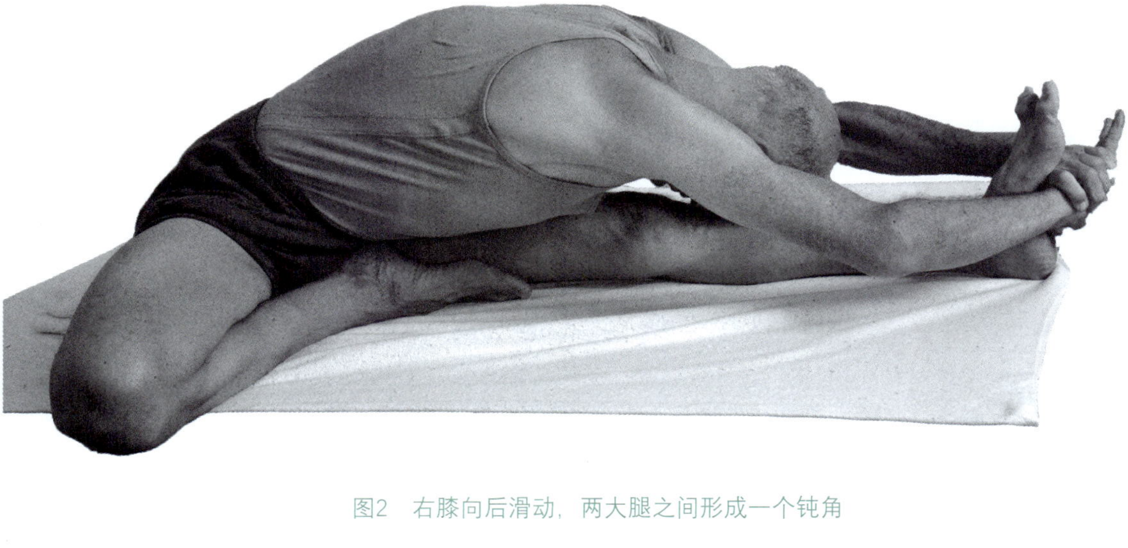

图2　右膝向后滑动，两大腿之间形成一个钝角

变体7

不同方式进入体式：由弯曲伸直腿开始

辅 具

1条瑜伽毯

1个四棱柱或

较低的墙钩

功效 从伸直的腿弯曲进入体式，身体前侧保持贴靠大腿，可以明确感受身体后侧在最终体式中该如何被伸展。

腘绳肌僵硬者常常为前屈、前伸展体式所困扰，他们似乎从来没有享受过这些体式舒缓和安抚的效果。此变体可帮助他们感受到这些美妙的功效。

屈右腿做体式：

→ 手杖式坐立于瑜伽毯上（不是瑜伽垫），屈右腿，膝关节向右侧打开。

› 左膝微屈，脚掌抵住立柱。

› 身体前屈，身体前侧靠向左大腿，双手握住立柱。（图1）

◎ 如果够不到墙钩，可以使用墙绳辅助。

◎ 可以使用墙钩或任何牢固的可抓握的物体。

› 双手抓牢，左脚蹬立柱，臀部向后滑动，逐渐伸直左腿。继续蹬立柱，臀部继续慢慢后移，但不要让躯干失去与大腿的接触。

› 前额落于左小腿上。（图2）（如果需要，可用折叠的瑜伽毯支撑额头。）

◎ 如果左腿难以伸直，则保持屈腿，臀部慢慢向后滑。

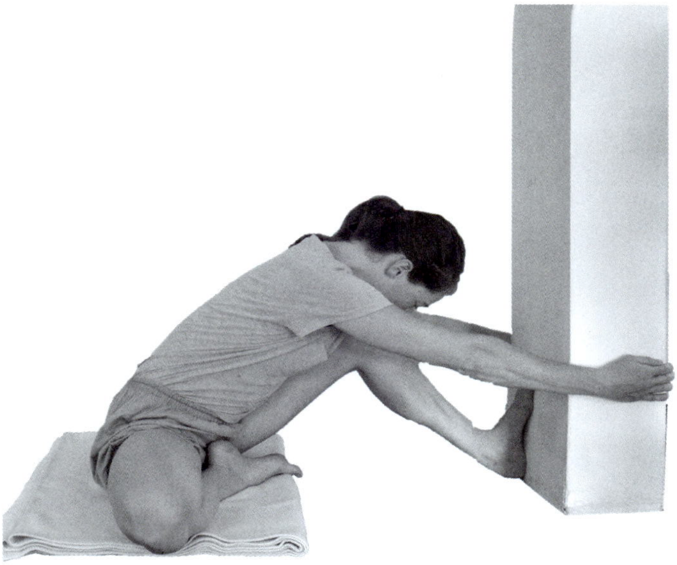

图1　身体前屈，身体前侧靠向左大腿，双手握住立柱

图2　前额落于左小腿上，进入体式

☼ 身体向前伸展时，保持腹部靠向脊柱。这有助于下背部的伸展，使呼吸更轻松。

变体8

激活伸直腿：脚蹬瑜伽砖

辅　具
1块瑜伽砖

功效　脚蹬瑜伽砖，双手向后拉，可帮助激活伸直侧的腿。瑜伽砖的平整表面可更好地固定双手，并使双脚变得敏感。

此变体与加强背部伸展式变体 2 类似。

屈右腿做体式：

→ 手杖式坐立，双脚前放 1 块瑜伽砖，屈右腿。

› 双手抓握瑜伽砖，向后拉。左腿收紧，与双手的拉力形成拮抗。

› 背部内凹，抬头向上、向前看。（图 1）

› 双手拉瑜伽砖，身体向前伸展，进入体式。（图 2）

图1　背部内凹，抬头向上、向前看

图2　双手拉瑜伽砖，身体向前伸展，进入体式

变体9

躯干对位：大腿顶端放瑜伽毯卷

辅　具
1条瑜伽毯

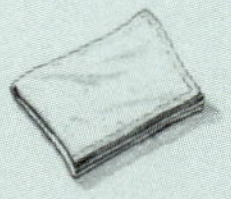

功效　伸直腿的大腿顶端放 1 个成锥状的瑜伽毯卷，可以抬高同侧腰，有助于腹部向此方向转动。这一动作对大多数人来说都是具有挑战的。瑜伽毯还可支撑腹部，有助于腹部放松。

理想情况下，在此体式中背部应该是平衡对称的，形态与加强背部伸展式中的背部类似。屈右腿做体式时，躯干左侧有缩短的趋势，而右侧则容易凸起。此变体有助于使背部回到更匀称的状态。

屈右腿做体式：

→ 手杖式坐立。

› 将 1 条四折的瑜伽毯卷起来，一边成锥形。（图 1）

› 屈右腿，从身体左侧将瑜伽毯锥形尖头塞进左侧腹股沟，宽的一端在身体左侧露出来。

› 腰部从右向左转，然后身体前屈，瑜伽毯支撑下腹部左侧。

› 双手握住左脚，腹部向左侧移动，右侧背部展平。

› 前额落于左小腿（或折叠的瑜伽毯）上，保持体式。（图 2）

› 如果有搭档，可以请搭档在左侧拉瑜伽毯，帮助腹部从右向左转。（图 3）

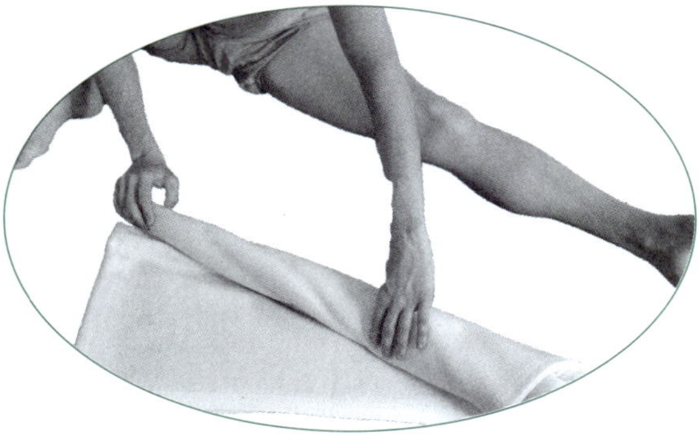

图1　瑜伽毯四折卷起来，一边成锥形

图2　大腿顶端放瑜伽毯卷，进入体式

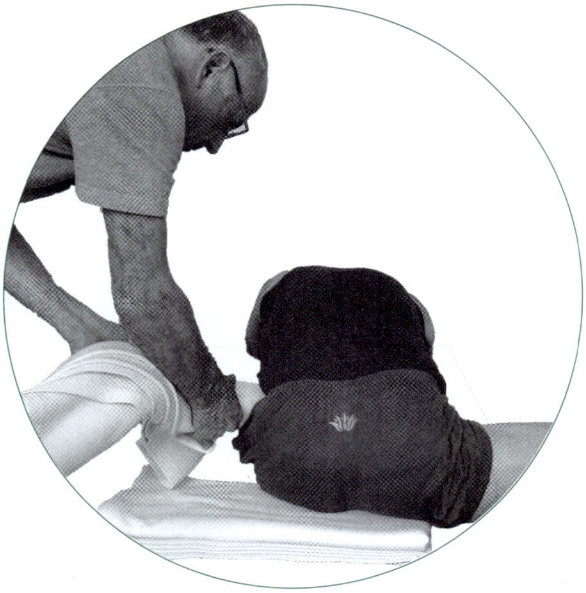

图3　搭档在左侧拉瑜伽毯，帮助腹部从右向左转

☼ 实验几次，找到瑜伽毯卷最适合的厚度。也可以只用瑜伽毯的一角，不用卷起来。看看哪种方式更适合自己。

坐角式

(*Upaviṣṭa Koṇāsana*)

我们在坐立体式中介绍了坐角式(*Upaviṣṭa Koṇāsana*)的若干变体。此处我们将其作为前伸展体式,再介绍两个变体。

变体1

稳定根基：支撑下腹部

辅　具
1条瑜伽毯

功效　支撑下腹部有助于保持下背部成拱形，并为体式带来安宁。

在此体式中，躯干向前的动作容易导致大腿向前转。这将对下背部和腹部产生压力，使体式过于激进。在放松的体式中，应该保持骶骨带外凸，下腹部柔软，并非常靠近脊柱前侧。

→ 坐角式坐立。

› 准备 1 条瑜伽毯，将其八折，放在身前的地面，靠近耻骨处。（图 1）

◎ 还可以用更硬的支撑物（如瑜伽砖）来代替瑜伽毯。

图1　将瑜伽毯八折，放在身前的地面，靠近耻骨处

› 前屈，下腹部抵靠在支撑物上。

› 前额落于地面（图 2），或者是折叠的瑜伽毯上，进入脸朝下坐角式（*Adho Mukha Upaviṣṭa Koṇāsana*）。

☼ 保持腹部柔软，拉长。

☼ 记住躯干下端有支撑时的感觉，然后在不使用折叠的瑜伽毯时重复此体式。

图2　前额落于地面，进入体式

变体2

疗愈性前屈：支撑躯干

辅　具

1~2个瑜伽抱枕

1条瑜伽毯

功效　由于双腿和骨盆的打开，坐角式是一个非常放松的体式。支撑躯干，可在体式中停留更长时间，从而得到更深层的放松。

→ 坐角式坐立。

› 双腿之间纵向放置 1 个瑜伽抱枕支撑躯干。瑜伽抱枕上放 1 条折叠的瑜伽毯支撑头部。

› 躯干向前伸展，腹部和胸部落到瑜伽抱枕上。（图 1）

◎ 如果一个瑜伽抱枕的高度不够，可再加一个。

图1　腹部和胸部落到瑜伽抱枕上，进入体式

花环式

（*Mālāsana*）

花环式（《瑜伽之光》，图321、图322）是一个相当高级的前伸展体式。我们将它收入此处有两个原因：首先它是一个独特的前伸展体式，练习时是蹲着的而不是坐着的，能够培养髋部、双膝、双脚踝和双脚的柔韧性。下蹲还具有独特的生理方面的益处，如促进消化、排泄，放松骨盆底部。其次，它的准备阶段（《瑜伽之光》，图317）很容易完成，再加上辅具的运用，适于大多数练习者（包括初学者）练习，并从中受益。

在现代生活中，人们很少有蹲着的时候，因而脚踝和膝关节往往失去了应有的灵活性，便秘和消化不良等问题也很普遍。很多西方人都发现下蹲时脚跟着地很困难，小腿难以充分向前移动，身体容易后仰。接下来的各种变体有助于提升柔韧性，为最终体式做好准备。

如果脚踝有损伤，请不要练习此体式。女性经期请不要练习此体式（因为它容易使下腹部收缩）。

变体1

准备：坐在瑜伽椅上

辅　具
1把瑜伽椅

功效　坐在瑜伽椅上，可以抬高身体，使练习者更容易折叠向前。瑜伽椅前后横档给双手提供了稳定的抓握对象，从而使拉伸加强。

→ 坐骨坐在接近瑜伽椅座前缘处。

› 双脚和双膝打开。

› 躯干向前伸展，然后缓慢向下，放到大腿之间。重力的作用可使身体向下的同时，使背部肌肉得到放松。

› 双手向前伸出适当距离，舒适地放在地上，在此保持 1~2 分钟。（图 1）

› 躯干进一步放低，握住瑜伽椅前横档，将其向前拉来加深前屈。保持一会儿。

› 如果可能，握住瑜伽椅后横档，将躯干进一步向下拉。（图 2）保持一会儿，然后双手松开，慢慢起身。

◎ 此变体也是龟式（*Kūrmāsana*）的准备练习（《瑜伽之光》图363、图364）。

图1　双手向前伸出适当距离，舒适地放在地上

图2　双手握住瑜伽椅后横档，将躯干进一步向下拉

› 也可以转身，将双膝后侧放在瑜伽椅背上，身体前倾，头部靠在双膝上。（图3）

☼ 不要着急进入最终体式。给背部肌肉留出时间去放松着进入前屈，同时体验体式带来的宁静之感。

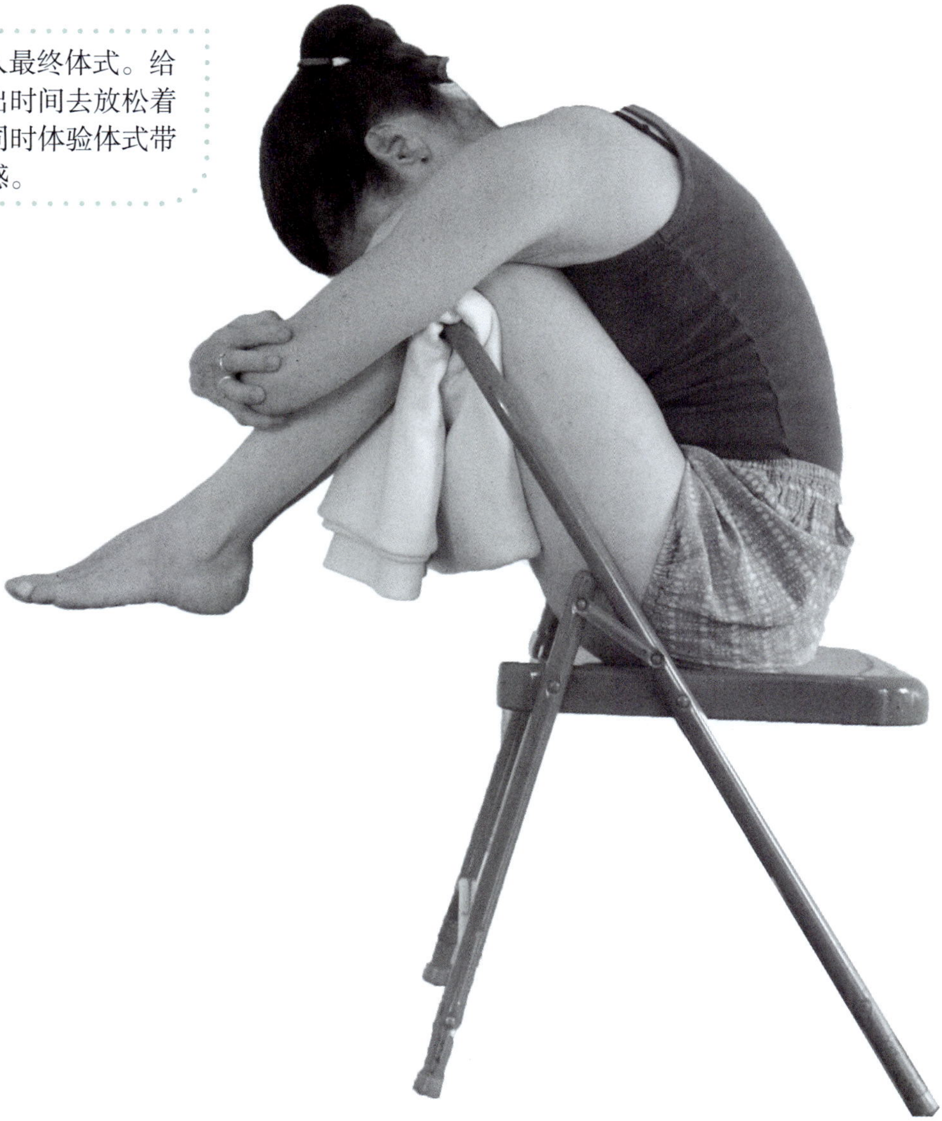

图3　转身，将双膝放在瑜伽椅背上，身体前倾，头部靠在双膝上

变体2

准备：支撑脚跟

辅 具
1条瑜伽毯

功效 即便是身体僵硬的人，支撑脚跟后也能舒服地蹲着。

◎ 这个变体属于中阶体式（《瑜伽之光》，图317）。

在此变体以及接下来的变体中所演示的准备练习对下蹲时脚跟难以着地者非常有益。

→ 脚跟踩着折叠的瑜伽毯，山式站立。

› 保持双腿并拢，下蹲。

› 手臂向前伸展（图1），或者环抱双膝，在体式中停留一会儿。

图1 脚跟踩着瑜伽毯，下蹲，双臂向前伸展

变体3

准备：坐在瑜伽抱枕上

辅　具

1个瑜伽抱枕

1条瑜伽毯（可选）

功效　瑜伽抱枕的支撑可以防止身体后仰，使练习者可以舒服地蹲着，并在体式中保持更长时间。

→ 将 1 个瑜伽抱枕放在地上，站在其前方。

› 下蹲，缓慢放低臀部，坐到瑜伽抱枕上。如果需要，还可以再放上折叠的瑜伽毯增加支撑高度。

› 双臂向前伸展，或者环抱双膝，在体式中停留。

› 如果可以，双臂向后握住脚踝后侧。这是花环二式。（图 1）（《瑜伽之光》，图 322）

图1　坐在瑜伽抱枕上，进入体式

变体4

准备：骶骨靠墙

辅　具
墙面

功效　骶骨靠墙，墙面的支撑有助于骶骨向前推，也有助于小腿和躯干前移。可以逐步地提升脚踝的柔韧性。

前两个变体分别支撑脚跟或者臀部，使我们能够蹲下。为了提升柔韧性，摆脱对支撑物的依赖，则需练习接下来的变体。

→ 背靠墙下蹲，双脚并拢，双膝略微分开，脚跟着地。

› 推骶骨靠墙，背部上提，远离墙面，双臂向前伸展，目视前方。保持1~2分钟。（图1）

☼ 如果发现身体向前时脚跟很难保持着地，双脚可略分开。也可以如图2所示握住脚跟，大拇指在脚底提供支撑。

☼ 利用墙的辅助可学习如何同时放低骨盆和头部。可以用瑜伽毯或者瑜伽抱枕支撑头部。

☼ 体式的进阶练习：起身，离开墙一点儿。再次下蹲，骶骨刚刚触墙，进入体式。

› 然后，双臂环抱双腿，腋窝外侧找小腿前侧。

› 身体向前伸展，低头。

› 上臂推小腿骨，躯干进一步前屈向下。（图2）

图1　骶骨靠墙，背部上提，双臂向前伸展，目视前方

图2　上臂推小腿骨，躯干进一步前屈向下

变体5

灵活脚踝：握住墙上的固定物

辅　具

1根墙绳

1个窗台

或与腰同高的固定物

功效　双手握住墙上的固定物，可减小双腿的负荷，有助于循序渐进地改善脚踝的柔韧性。此变体对于脚跟不能着地、尝试放低脚跟时容易后仰的练习者尤为有效。

→ 蹲在墙绳、窗台（或者任何与腰同高的固定物）前，双脚并拢，双膝打开，脚跟着地。

› 手臂伸直，握住固定物。

› 骶骨内收，保持着躯干向前、向上拉伸，臀部慢慢落向地面。（图 1）

☼ 如果有立柱或者梯子（图2，图3），可慢慢降低抓握的高度，直到进入最终体式，花环一式（图4）（《瑜伽之光》，图321）。

☼ 腋窝柔软，当身体放低时用身体的重量去帮助伸展双臂和背部肌肉。

☼ 如果容易后仰，可支撑臀部。（图4）

☼ 在最终体式中，双臂环绕双腿和背部，形成一个花环（*Mālā*）。（图4）

图1　手臂伸直，握住固定物，臀部慢慢落向地面

图2　降低抓握的高度

图3　继续降低抓握的高度

图4　瑜伽毯支撑臀部，进入体式

变体6

准备：搭档推双膝

辅　具
1位搭档
1条瑜伽毯
或1块斜木板
或1张瑜伽垫（可选）

功效　搭档推双膝可使体式稳定，从而释放腹股沟，有助于改善髋部、双膝和脚踝的柔韧性。

→ 站立，搭档在身后。

› 开始下蹲。

› 搭档扶住练习者的双膝，在上提躯干的同时将练习者向前、向下推，双臂向前伸展，目视前方。（图 1）

图1　搭档扶住练习者的双膝，向前、向下推。练习者双臂向前伸展，目视前方

☼ 在此变体中，脚跟必须踩实地面。如果需要，可将脚跟踩在折叠的瑜伽毯、斜木板或者卷起的瑜伽垫上。

› 躯干和双臂向前伸展，同时搭档温和地在骶骨带和上背部施力。（图 2）

图2 练习者躯干、双臂向前伸展，搭档温和地在骶骨带和上背部施力

变体7

花环一式：运用瑜伽带

辅　具

1根瑜伽带

1条瑜伽毯

功效　用瑜伽带辅助，即便练习者难以在背后互握手指，也能获得花环一式的功效。对腹部的挤压可以强健腹部器官，为整个身体注入能量。

此变体是专为想尝试花环一式的练习者准备的高级变体。

Mālā 一词的意思是花环。在花环一式中手臂环绕着身体就像一个花环。十指在背后交扣（《瑜伽之光》，图 321）可产生强烈的挤压效果，能强健腹部器官。但许多人无法在背后十指交扣，用瑜伽带辅助同样可以体验此体式的益处。

→ 骨盆捆绑 1 根瑜伽带。

› 双脚并拢，蹲下，双膝打开，脚跟着地。如果需要，用 1 条折叠的瑜伽毯支撑脚跟。

› 手臂环绕双腿，腋窝外侧前移找小腿前侧。

› 双手放在地上，尽可能放低身体。

› 两手依次向后握住瑜伽带。

› 双手拉瑜伽带，躯干向前伸展，低头向下。

› 双手彼此靠近，尽可能接近。上臂推小腿骨使躯干进一步向下。（图 1）

图1　双手拉瑜伽带，进入体式

附　录

瑜伽练习的效果与体式的编排顺序有很大关系。要编排一个正确的序列必须熟悉每一体式的能量特性，解剖学、生理学、神经学特征，以及对感官和心理的作用。练习者可以根据不同的目的和意向来选择不同的序列，还要考虑到自己的经验和熟练程度，当前的身体和心理状况，练习此序列的特殊目的，以及练习环境的特点。

偶尔尝试只用一种辅具来进行一次练习是非常有趣的。例如，瑜伽椅序列、瑜伽砖序列、长瑜伽带序列、墙绳序列，或者其他的辅具序列。下面给出5个序列：

1.初级水平短序列，适合忙碌的初学者

2.长瑜伽带序列，主要包括站立和前伸展体式

3.长时间保持坐立和前伸展序列，主要包括坐立和前伸展体式，也适合经期女性练习

4.初级水平前屈序列，针对初学者

5.前屈和扭转高级水平序列，适合中、高级水平练习者

详细练习方法可以参考《椅子瑜伽习练指南》和“辅具瑜伽习练指南”系列图书。

1. 初级水平短序列

水平 *初级*

时间 *15~20分钟*

类型 *针对繁忙人士的短序列*

体式 *站立体式，简易倒立体式*

辅具 *墙面，2块瑜伽砖*

这个短序列可以作为自我练习的起点。练习总时长15~20分钟，包括7~10分钟的活跃体式练习，10分钟的放松体式练习。练习者熟悉本序列后，可以根据需要，更换其中的站立体式，还可以增加内容，延长练习时间。此序列用到的辅具最少，几乎可以在任何地方进行练习。

1 树式
靠墙
30秒，每侧两次

2 三角伸展式
后脚靠墙，手放瑜伽砖
30秒，每侧两次

3 战士二式
后脚抵墙，手扶墙
30秒，每侧一次

4 下犬式
双手放瑜伽砖上
1分钟

5 下犬式
支撑头部
1分钟

6 上伸腿式
双腿靠墙
1~3 分钟

7 辅助四腿拱式
墙辅助
30秒

8 倒箭式
靠墙，用瑜伽砖
3~5 分钟

9 挺尸式
可选择使用瑜伽砖放腹部
5分钟

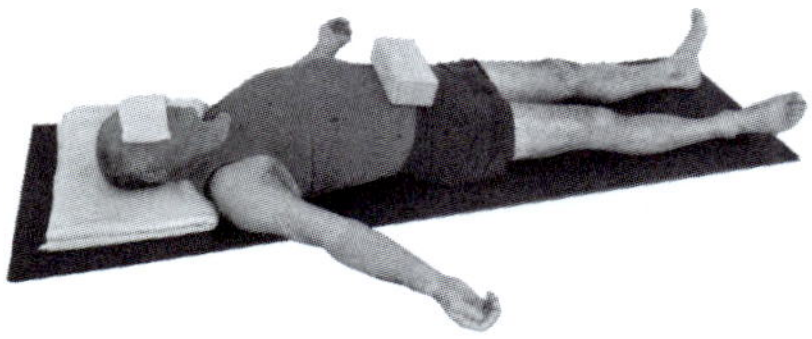

观察腹部的呼吸，柔和、自然

2.长瑜伽带序列

水平 中、高级

时间 60 分钟

类型 放松、冷却

体式 仰卧、站立、前伸展、修复性倒立体式

辅具 2 根瑜伽带（1根长的），2 块瑜伽砖，1~2 条瑜伽毯（或者足够支撑肩倒立式的物品），墙面

1a 卧手抓脚趾腿伸展一式
长瑜伽带环绕骨盆和脚跟

45 秒

1b 卧手抓脚趾腿伸展一式
长瑜伽带环绕胸部和脚跟

45 秒

1c 卧手抓脚趾腿伸展一式
长瑜伽带环绕头部和脚跟

45 秒

注：左腿重复体式1a~1c。在换到左腿前，在仰卧山式或者站立于山式中停留一会儿，感受两腿的不同。

2a 卧手抓脚趾腿伸展二式
长瑜伽带环绕骨盆和脚跟

30 秒

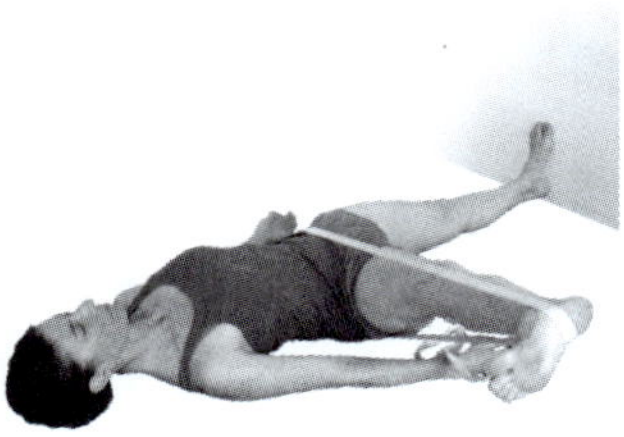

2b 卧手抓脚趾腿伸展二式
长瑜伽带环绕胸部和脚跟

30 秒

注：左腿重复体式2a，2b。在换到左腿前，在仰卧山式或者站立于山式中停留一会儿，感受两腿的不同。

3 上伸腿式
长瑜伽带环绕双脚和骨盆

1 分钟

4 完全船式
长瑜伽带环绕中背部和双脚

1分钟

5 三角伸展式
长瑜伽带环绕左脚和右腹股沟

1 分钟

6 半月式
长瑜伽带环绕左脚和右腹股沟
1 分钟

7 战士三式
长瑜伽带环绕左脚和右腹股沟
40秒

8 扭转半月式
长瑜伽带环绕左脚和右腹股沟
1分钟

注：右腿做体式5~8，回到山式。然后将瑜伽带换至另一侧，重复。

9 手杖式
长瑜伽带环绕脚跟和骨盆
1 分钟

10 上举手臂手杖式
长瑜伽带环绕脚跟和骨盆
45 秒

11 加强背部伸展式
长瑜伽带环绕脚跟和下背部
2 分钟

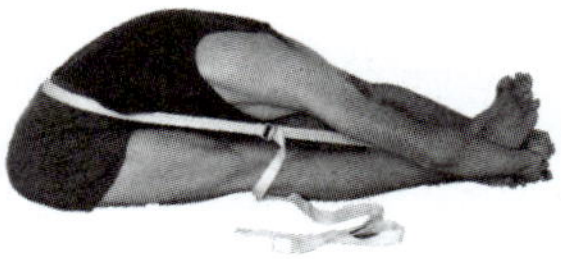

12 头碰膝前屈伸展式
长瑜伽带环绕脚跟和下背部
每侧1分钟

13 加强背部伸展式
长瑜伽带环绕脚跟和下背部
3分钟

14 巴拉瓦伽一式
用2根瑜伽带
每侧1分钟

15 桥式肩倒立式
瑜伽砖和瑜伽抱枕支撑骨盆和胸部

5分钟

16 支撑肩倒立式
在平台上

7分钟

17 犁式
脚趾放瑜伽砖上

3分钟

18 挺尸式

7分钟

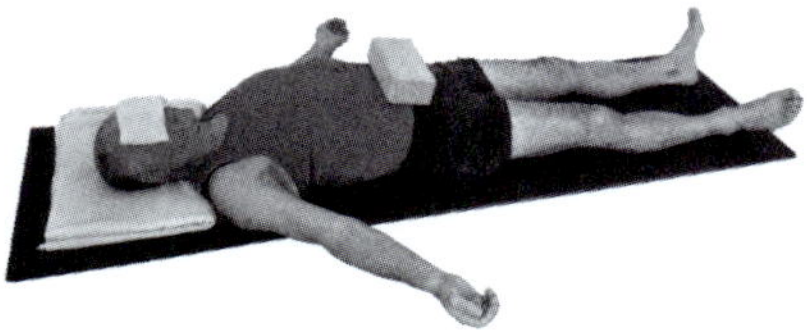

3.长时间保持坐立和前伸展序列

水平 中、高级

时间 60 分钟

类型 放松、冷却，女性经期可以练习

体式 前伸展、修复性后弯体式

辅具 2~3 块木质瑜伽砖，4块泡沫瑜伽砖，1个瑜伽抱枕，2根瑜伽带，2~3条瑜伽毯，墙面

1 俯英雄式

瑜伽抱枕支撑前额和双肘

3分钟

2 卧手抓脚趾腿伸展二式

在墙角，双脚都抵墙

每侧1分钟

3 束角式

双手放瑜伽砖上

3分钟

4 头碰膝前屈伸展式

瑜伽抱枕支撑前额和双肘

每侧3分钟

5 半英雄前屈伸展式

瑜伽抱枕支撑前额和双肘

每侧3分钟

如果做不到，重复前一个动作。

6 半莲花前屈伸展式

瑜伽抱枕支撑前额和双肘

每侧3分钟

如果做不到，重复体式4。

7 加强背部伸展式

瑜伽抱枕支撑前额和双肘

5 分钟

8 巴拉瓦伽一式

2根瑜伽带

每侧45 秒，重复两次

9 倒手杖式

在瑜伽椅上

5分钟

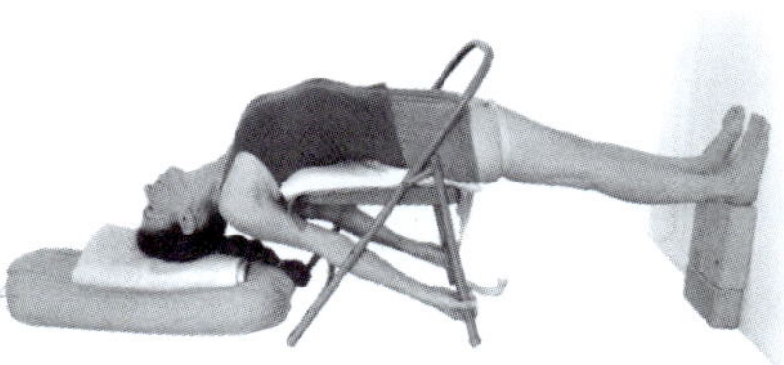

10 桥式肩倒立式

瑜伽砖和瑜伽抱枕支撑骨盆和胸部

5分钟

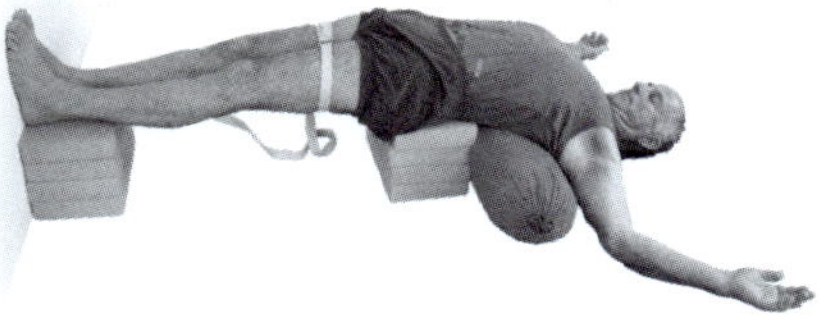

11 挺尸式

使用眼枕，把瑜伽砖放在腹部

10分钟

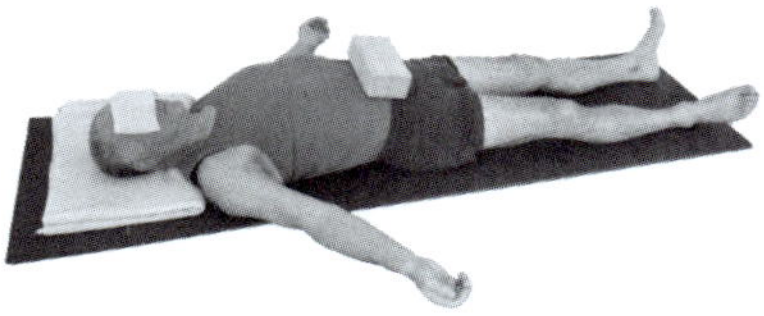

4. 初级水平前屈序列

水平 *初级*

时间 *40分钟*

类型 *放松、冷却*

体式 *站立、前伸展体式，肩倒立式循环*

辅具 *1块瑜伽砖，5条瑜伽毯、1根瑜伽带（肩倒立），1个瑜伽椅、1个瑜伽抱枕和1~2条瑜伽毯*

1 下犬式
双手放在倒置的瑜伽椅上
1分钟

2 加强侧伸展式
双手撑墙
每侧45 秒

3 下犬式
双脚放在倒置的瑜伽椅上
1分钟

4 加强背部伸展式
坐在瑜伽椅上
2分钟

5 头碰膝前屈伸展式
脚放在倒置的瑜伽椅上
每侧1分钟

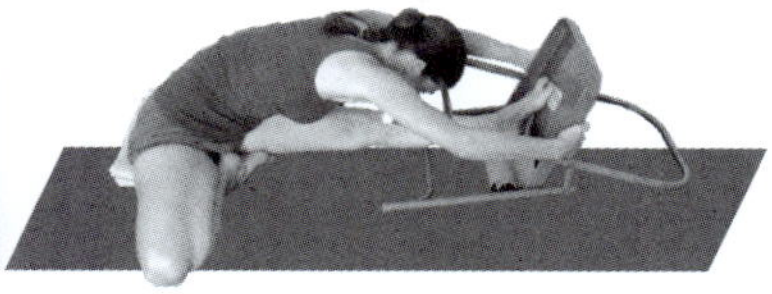

6 半英雄前屈伸展式
脚放在倒置的瑜伽椅上
每侧1分钟

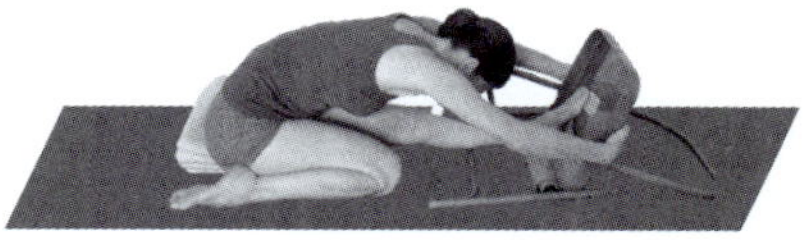

7 加强背部伸展式
头放在瑜伽椅上
2分钟

8 巴拉瓦伽一式
坐在瑜伽椅上
每侧1分钟

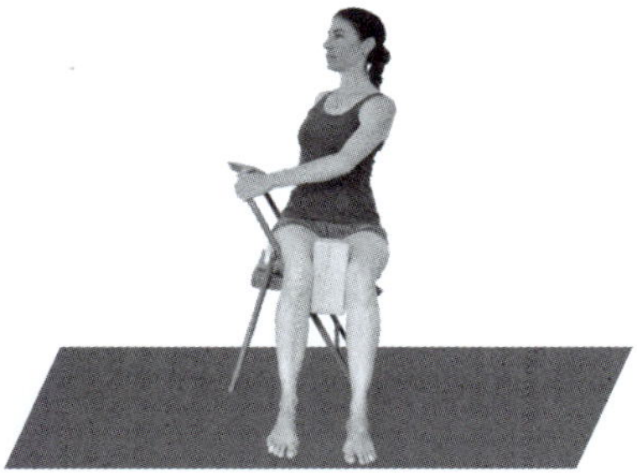

9 支撑肩倒立式
在平台上
5分钟

如果感觉很累，可用瑜伽椅。

10 犁式
双脚放在瑜伽椅上
3分钟

11 膝碰耳犁式
双脚放在瑜伽椅上
1分钟

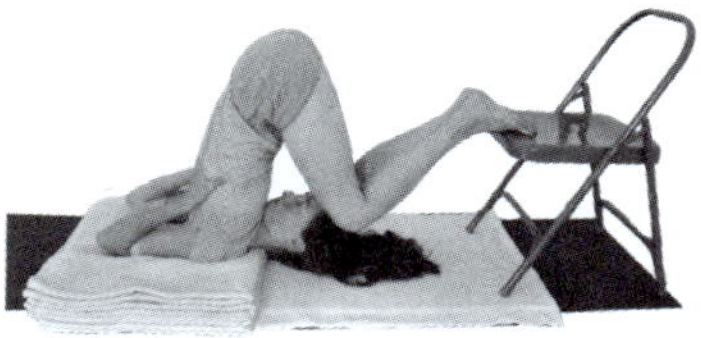

12 挺尸式
小腿放在瑜伽椅上
5 分钟

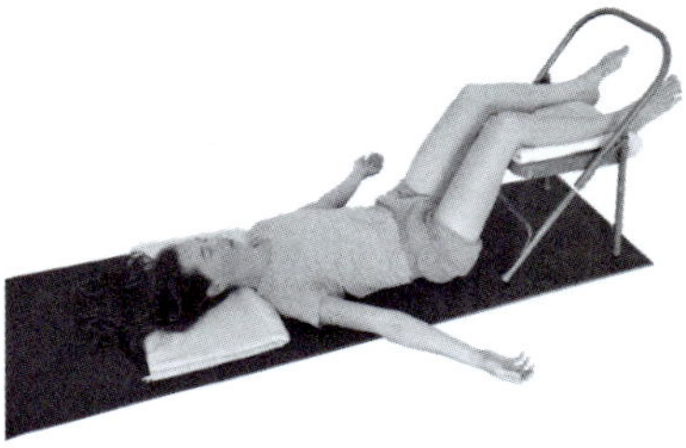

5. 前屈和扭转高级水平序列

水平 *高级*

时间 *90 分钟*

类型 *注入能量，身体打开*

体式 *前伸展、扭转、倒立体式*

辅具 *1把瑜伽椅，2条长瑜伽带，1块瑜伽砖，墙面，1根绷带（可选）*

1 下犬式
双手放在倒置的瑜伽椅上
1分钟

2 下犬式
双脚放在倒置的瑜伽椅上
1分钟

3 手倒立式
靠墙
40秒

重复3次，每次在站立前屈式中休息片刻。

4 三角伸展式
背靠瑜伽椅
每侧1分钟

5 三角扭转伸展式
背靠瑜伽椅
每侧1分钟

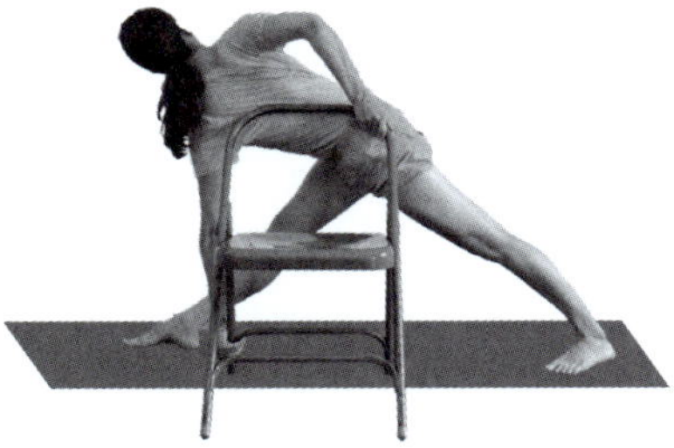

6 战士二式
瑜伽椅支撑
每侧1分钟

7 侧角扭转伸展式
瑜伽椅支撑
每侧1分钟

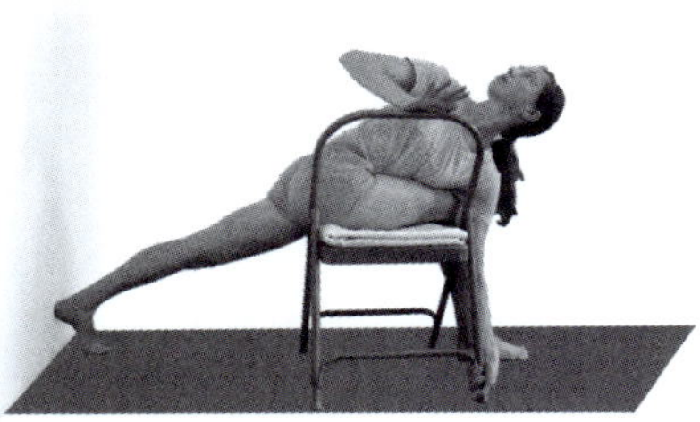

8 下犬式
头放在瑜伽砖上
1分钟

9 头倒立式
瑜伽砖支撑脊柱胸椎段
7~8 分钟

10 坐角式
用2根瑜伽带
1分钟

11 侧坐角式
用2根瑜伽带
每侧30 秒

12 侧坐角式
用2根长瑜伽带
每侧45 秒

13 扭转坐角式
用2根长瑜伽带
每侧1分钟

14 单腿头碰膝式
用1根长瑜伽带
每侧1分钟

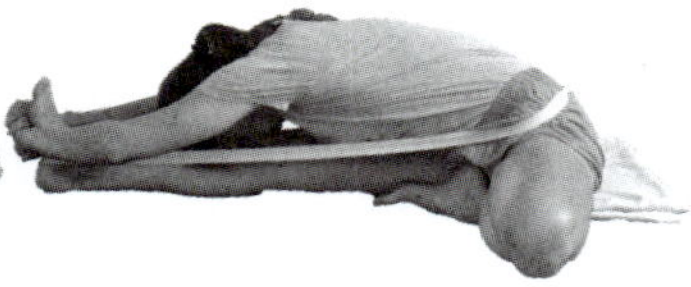

15 头碰膝扭转前屈伸展式
用1根长瑜伽带
每侧45秒

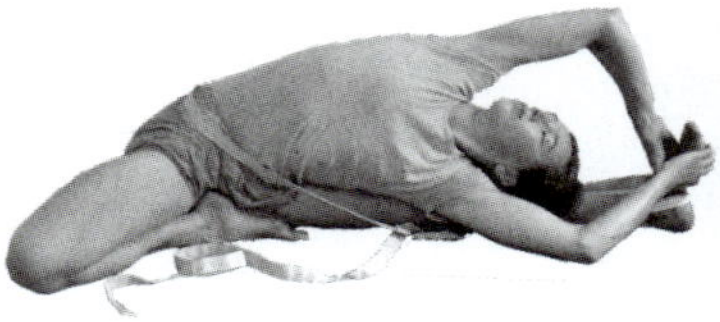

16 加强背部伸展式
用1根长瑜伽带
2分钟

17 坐立前屈扭转式
用1根长瑜伽带
每侧30秒

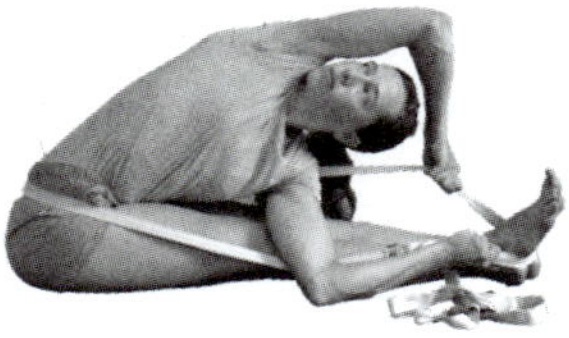

18 套索扭转式
墙面辅助
每侧45秒

19 下犬式
头放在瑜伽砖上
1分钟

20 支撑肩倒立式
在平台上
7分钟

21 犁式
脚趾放在瑜伽砖上
3分钟

22 桥式肩倒立式
瑜伽砖支撑骶骨、瑜伽带捆绑大腿
4分钟

23 脸朝下吉祥式
前额放在瑜伽砖上
每侧40 秒

24 挺尸式
用绷带缠绕头部，瑜伽砖放在前额上
8分钟

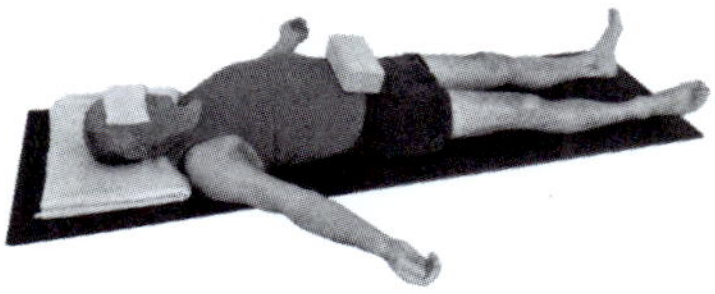

主要梵文体式索引